ÉPISODES ET VIES RÉ

PAUL L

WILHELM

SOUVENIRS SUR MARX

1935
BUREAU D'ÉDITIONS, PARIS

Quelques ouvrages de la même collection

Georges Dimitrov. Une vie de lutte, par STELLA D. BLAGOEVA. La vie et l'activité révolutionnaires du héros du procès de Leipzig . . . . **3 »**

Le premier président de la République du Travail : J. M. Sverdlov. (Sa vie, son œuvre), par S. BOBROVSKAIA **1 »**

Ivan Babouchkine. Esquisse biographique, par S. BOBROVSKAIA. La vie d'un vieux militant bolchévik . . . **1 50**

La révolte du Potemkine, par S. KANATCHNIKOV. Le plus célèbre épisode de la révolution de 1905 . . . . . . **1 »**

La grève, par PIERRE NIKIFOROV Le travail d'organisation syndical et illégal **1 50**

Le Soviet des chômeurs, par S. MALYCHEV Chômage, famine, lutte, organisation, déroute de la bourgeoisie **1 50**

Kamo, par S. OBOLENSKAIA La vie d'un véritable révolutionnaire . . . **1 50**

PAUL LAFARGUE

KARL MARX
Souvenirs personnels [1]

> Ce fut un homme, prenez-les, les uns après les autres, je ne reverrai jamais son pareil.

I.

C'est en février 1865 que je vis Karl Marx pour la première fois. L'Internationale venait d'être fondée, le 28 septembre 1864, au meeting de Saint-Martin's Hall, et j'arrivais de Paris pour l'informer des progrès que faisait alors notre jeune association. M. Tolain, aujourd'hui sénateur de la République bourgeoise, et l'un de ses représentants à la conférence de Berlin [2] m'avait donné une lettre de recommandation.

J'avais alors 24 ans. De toute ma vie, je n'oublierai l'impression que me fit cette première visite.

1. Paul Lafargue (1841-1911). Membre de la 1re Internationale, un des fondateurs du Parti ouvrier français et un des chef principaux du mouvement ouvrier français du temps de la IIe Internationale. Ses souvenirs sur Marx furent publiés en septembre 1890-91 dans la *Neue Zeit*.

2. Conférence convoquée par l'empereur allemand Guillaume II et ayant pour objet la protection des travailleurs (1890).

A cette époque, Marx était souffrant et travaillait au premier volume du *Capital*, qui ne parut que deux ans plus tard, en 1867. Il craignait de ne pouvoir terminer son œuvre et faisait toujours bon accueil aux jeunes, car, disait-il, «il faut que je forme des hommes qui continueront après moi la propagande communiste».

Karl Marx est un de ces hommes rares qui étaient à même d'occuper une place de premier plan à la fois dans les sciences et dans l'activité publique. Il les liait d'une façon si étroite qu'il est impossible de le comprendre si on ne voit pas en même temps en lui le savant et le lutteur socialiste. Tout en estimant que toute science doit être cultivée pour elle-même et que, dans aucune recherche scientifique, on ne doit se soucier de ses conséquences éventuelles, il était cependant d'avis que le savant, s'il ne voulait pas s'abaisser lui-même, ne devait jamais cesser de participer activement à la vie publique et ne devait pas rester confiné dans son cabinet de travail ou dans son laboratoire, comme un ver dans son fromage, sans jamais se mêler à la vie et aux luttes politiques et sociales de ses contemporains.

La science ne doit pas être un plaisir égoïste: ceux qui ont la chance de pouvoir se consacrer aux études scientifiques doivent être aussi les premiers à mettre leurs connaissances au service de l'humanité.

«Travailler pour l'humanité», c'était une de ses expressions favorites.

Il n'était pas venu au communisme à la suite de considérations sentimentales, quoiqu'il sympathisât profondément avec les souffrances de la classe laborieuse ; il y était venu par l'étude de l'histoire et de l'économie politique. Il affirmait que tout esprit impartial, que n'influencent pas des intérêts privés ou que n'aveuglent pas des préjugés de classe, devait arriver inévitablement aux mêmes conclusions que lui. Mais s'il étudiait sans idée préconçue le développement économique et politique de la société humaine, il n'écrivait cependant que dans la ferme intention de répandre les résultats de ses recherches et avec la volonté ferme et résolue de donner une base scientifique au mouvement socialiste qui, jusque là, se perdait dans les nuages de l'utopie. Il ne se produisait publiquement que pour travailler au triomphe de la classe ouvrière dont la mission historique est d'instaurer le communisme, aussitôt qu'elle sera parvenue à la direction politique et économique de la société ; de même que la mission historique de la bourgeoisie, parvenue au pouvoir, a été de briser les liens féodaux qui paralysaient le développement de l'agriculture et de l'industrie, d'établir la libre circulation des produits et des hommes, le libre contrat entre entrepreneurs et ouvriers, de centraliser les moyens de production et d'échange, de préparer ainsi les éléments matériels et intellectuels de la future société communiste.

Marx ne bornait pas son activité au pays dans lequel il était né : « Je suis un citoyen du monde, disait-il, et je travaille là où je me trouve. » Et, en effet, partout où le conduisirent les événements et les persécutions politiques, en France, en Belgique, en Angleterre, il prit une part très active aux mouvements révolutionnaires qui s'y développèrent.

Mais ce n'est pas l'agitateur socialiste, infatigable, incomparable, c'est le savant qui m'apparut, pour la première fois, dans ce cabinet de travail de Maitland Park Road, où les camarades affluaient de tous les coins du monde civilisé, pour interroger le maître de la pensée socialiste. Cette chambre est devenue historique, et il faut la connaître pour pénétrer dans l'intimité de la vie intellectuelle de Marx.

Elle était située au premier étage et la large fenêtre, qui y laissait pénétrer une abondante lumière, donnait sur le parc. Des deux côtés de la cheminée et vis-à-vis de la fenêtre il y avait des rayons remplis de livres, surchargés jusqu'au plafond de paquets de journaux et de manuscrits. Vis-à-vis de la cheminée et de l'un des côtés de la fenêtre, il y avait deux tables pleines de papier, de livres et de journaux. Au milieu de la pièce, à la place la plus éclairée, se trouvaient une petite et très simple table de travail, longue de trois pieds et large de deux pieds et un fauteuil en bois. Entre le fauteuil et les rayons de livres, face à la fenêtre, il y avait un divan en cuir sur lequel Marx s'étendait de temps en temps pour se reposer. Sur la cheminée, il y avait encore des livres, mêlés à des cigares, des allumettes, des boîtes de tabac, des pèse-lettres, des photographies de ses filles, de sa femme, de Wilhelm Wolff [1] et de Friedrich Engels. Marx était grand fumeur. «Le *Capital* ne me rapportera jamais autant d'argent que m'en ont coûté les cigares que j'ai fûmés en l'écrivant», me disait-il. Mais il était encore plus grand gaspilleur d'allumettes: il lui arrivait si souvent d'oublier sa pipe ou son cigare que, pour les rallumer constamment, il vidait avec une rapidité inouïe les boîtes d'allumettes.

Marx ne permettait à personne de mettre de l'ordre, ou plutôt du désordre dans ses livres et ses papiers. D'ailleurs le désordre n'était qu'apparent : tout était vraiment bien à sa place ; il trouvait toujours sans difficulté le livre ou le cahier dont il avait besoin. Même au cours d'une conversation, il s'interrompait souvent pour montrer dans le livre même la citation qu'il venait de faire ou le chiffre qu'il venait d'indiquer. Il ne faisait qu'un avec son cabinet de travail, dont les livres et les papiers lui obéissaient comme s'ils eussent été ses propres membres.

Dans la façon de placer ses livres, il ne tenait aucun compte de la symétrie formelle : les in-quarto, les in-octavo et les brochures étaient confondus les uns avec les autres. Il ne les rangeait pas d'après leurs dimensions, mais d'après

---

1. Ami intime de Marx et d'Engels (1809-1864). Fit partie du Parlement de Francfort (1849), où il siégea à l'extrême gauche. C'est à lui qu'est dédié le premier volume du *Capital*.

leur contenu ; au lieu d'être des objets de luxe, ses livres lui servaient d'instruments de travail. « Ce sont mes esclaves, disait-il, et ils doivent me servir comme je l'entends. » Il les maltraitait sans se soucier de leur format, de leur reliure, de la beauté du papier ou de l'impression, pliait les coins, couvrait les marges de coups de crayon et soulignait les passages. Il n'y inscrivait pas de notes, mais seulement, de loin en loin, il lui échappait un point d'exclamation ou d'interrogation, quand il arrivait qu'un auteur passât la mesure. Le système dont il se servait pour souligner lui permettait de retrouver très facilement le passage cherché. Il avait l'habitude de lire et de relire, après des années, ses cahiers de notes et les passages soulignés dans ses livres, pour les bien conserver dans sa mémoire, qui était d'une netteté et d'une précision extraordinaires. Il l'avait exercée dès sa jeunesse, selon le conseil de Hegel, en apprenant par cœur des vers écrits dans des langues qu'il ignorait.

Il connaissait par cœur Henri Heine et Gœthe, qu'il citait souvent dans sa conversation. Il lisait les poètes de toutes les littératures européennes. Tous les ans, il relisait Eschyle dans le texte grec original. Il admirait Eschyle et Shakespeare comme les deux plus grands génies dramatiques de tous les temps. Il avait consacré à Shakespeare, pour lequel il avait une admiration sans bornes, des études approfondies. Il en connaissait tous les personnages même les plus insignifiants. Toute la famille Marx professait un véritable culte pour le grand dramaturge anglais, ses trois filles le connaissaient par cœur. Après 1848, voulant se perfectionner dans la connaissance de la langue anglaise, qu'il lisait déjà auparavant, il rechercha et classa toutes les expressions particulières à Shakespeare ; il en fit de même avec une partie de l'œuvre polémique de William Cobbet, qu'il avait en très haute estime. Dante et Robert Burns étaient parmi ses poètes favoris. Il éprouvait un grand plaisir à écouter ses filles déclamer ou chanter les satires ou les poèmes d'amour du poète écossais.

Cuvier, travailleur infatigable et l'un des maîtres de la

science, avait installé au Muséum de Paris, dont il était le directeur, toute une série de cabinets de travail pour son usage personnel. Chacun d'entre eux était destiné à une sorte d'occupation particulière et contenait les livres, instruments et matériel anatomique nécessaires. Quand il se sentait fatigué d'un travail, Cuvier entrait dans un autre cabinet et se livrait à un autre genre d'étude. Ce simple changement d'occupations intellectuelles était pour lui, dit-on, un repos. Marx était un travailleur aussi infatigable que Cuvier, mais il n'avait pas les moyens comme lui de se faire installer plusieurs cabinets de travail. Il se reposait en allant et venant dans sa chambre; de la porte à la fenêtre, le passage était marqué, sur le tapis usé jusqu'à la corde, par une raie, aussi nettement marquée qu'une piste dans une prairie. De temps en temps, il s'étendait sur le divan et lisait un roman ; il en lisait jusqu'à deux ou trois à la fois, allant de l'un à l'autre. Il était, comme Darwin, grand liseur de romans. Il aimait surtout ceux du dix-huitième siècle et particulièrement le *Tom Jones* de Fielding Les auteurs modernes qui le tentèrent le plus étaient Paul de Kock, Charles Lever, Alexandre Dumas père et Walter Scott. Il considérait *Old Mortality*, de ce dernier auteur, comme une œuvre magistrale. Il avait une prédilection particulière pour les récits d'aventures et les contes gais. Les romanciers qu'il mettait au-dessus de tous les autres étaient Cervantès et Balzac. Il voyait dans *Don Quichotte* l'épopée de la chevalerie moribonde, dont les vertus allaient devenir, dans le monde bourgeois naissant, un objet de moquerie et de ridicule. Il avait une telle admiration pour Balzac qu'il se proposait d'écrire un ouvrage critique sur la *Comédie humaine*, dès qu'il aurait terminé son œuvre économique. Balzac ne fut pas seulement l'historien de la société de son temps, mais aussi le créateur de types prophétiques qui, à l'époque de Louis-Philippe, n'existaient encore qu'à l'état embryonnaire et ne se développèrent complètement qu'après sa mort, sous Napoléon III.

Marx lisait couramment toutes les langues européennes

et en écrivait trois: l'allemand, le français et l'anglais, à l'étonnement de ceux qui possédaient ces langues. « Une langue étrangère est une arme dans la lutte pour l'existence », avait-il l'habitude de dire. Il avait pour les langues une grande facilité dont héritèrent ses filles. A l'âge de 50 ans, il entreprit l'étude du russe et, quoique cette langue n'eût aucun rapport étymologique avec les langues anciennes et modernes qu'il connaissait, il en savait assez au bout de six mois pour trouver plaisir à la lecture des poètes et écrivains russes qu'il aimait le plus: Pouchkine, Gogol et Chtchédrine. Ce qui le détermina à entreprendre l'étude du russe, ce fut le désir de lire les documents rédigés par les commissions d'enquêtes officielles, documents dont le gouvernement du tsar empêchait la divulgation, à cause de leurs révélations effroyables. Des amis dévoués les avaient envoyés à Marx, qui fut certainement le seul économiste de l'Europe occidentale à en avoir connaissance.

Outre les poètes et les romanciers, Marx avait encore un autre genre de distraction très original: les mathématiques pour lesquelles il avait une prédilection spéciale. L'algèbre était même pour lui un réconfort moral et lui servit de refuge aux moments les plus douloureux de son existence mouvementée. Pendant la dernière maladie de sa femme, il lui fut impossible de s'occuper, comme à l'ordinaire, de ses travaux scientifiques ; il ne pouvait échapper à l'impression pénible que les souffrances de sa compagne exerçaient sur son esprit qu'en se plongeant dans les mathématiques. C'est pendant cette période de souffrances morales qu'il rédigea un travail sur le calcul infinitésimal, travail d'une grande valeur, s'il faut en croire les mathématiciens qui le connaissent, et qu'on se propose de publier dans ses œuvres complètes. Il retrouvait dans les mathématiques supérieures le mouvement dialectique sous sa forme la plus logique en même temps que la plus simple. D'après lui, une science n'était vraiment développée que quand elle pouvait utiliser les mathématiques.

La bibliothèque de Marx qui comptait plus de mille

volumes soigneusement rassemblés au cours d'une longue vie de recherches ne lui suffisait cependant pas, et c'est pourquoi il fut pendant des années un hôte assidu du British Museum, dont il prisait très fort le catalogue. Ses adversaires eux-mêmes ont été obligés de reconnaître l'étendue et la profondeur de son savoir, non seulement dans son domaine propre, l'économie politique, mais aussi dans l'histoire, la philosophie et la littérature universelle.

Quoiqu'il se couchât à une heure très avancée de la nuit, il était toujours debout entre huit et neuf heures du matin, absorbait son café noir, parcourait les journaux et se rendait ensuite dans son cabinet de travail où il travaillait jusqu'à deux ou trois heures après minuit. Il ne s'interrompait que pour prendre ses repas et faire, le soir, une promenade du côté de Hampstead Heath, quand le temps le permettait. Dans la journée, il dormait une heure ou deux sur son canapé. Pendant sa jeunesse, il lui arrivait de consacrer des nuits entières au travail. Le travail lui était devenu une passion; il l'absorbait au point de lui faire oublier l'heure des repas. Il fallait souvent l'appeler à plusieurs reprises avant qu'il descendît dans la salle à manger; et à peine avait-il avalé la dernière bouchée qu'il remontait dans son cabinet. Il était très petit mangeur ; il souffrait même d'un manque d'appétit qu'il s'efforçait de combattre au moyen de mets fortement épicés, tels que le jambon, le poisson fumé, le caviar et les cornichons. Son estomac payait fatalement pour l'activité colossale de son cerveau. Il sacrifiait tout le corps au cerveau : penser était sa plus grande jouissance. Je l'ai souvent entendu répéter le mot de Hegel, le maître de la philosophie du temps de sa jeunesse : « Même la pensée criminelle d'un bandit est plus grande et plus noble que toutes les merveilles du ciel ».

Il lui fallut une constitution vigoureuse pour pouvoir supporter ce genre de vie exceptionnel et ce travail intellectuel épuisant. Il était, en effet, très fort, d'une taille au-dessus de la moyenne, les épaules larges, la poitrine bien développée et les membres bien proportionnés, quoique le tronc fût un peu trop long par rapport aux jambes, ce qui est fréquent dans la race juive. S'il avait fait de la gymnastique dans sa jeunesse, il serait devenu extrêmement fort. Le seul exercice physique qu'il pratiquait régulièrement était la marche ; il pouvait marcher ou gravir des collines pendant des heures entières, en bavardant et fumant sans en ressentir la moindre fatigue. On peut affirmer qu'il travaillait en marchant dans sa chambre ; il ne s'asseyait qu'à de courts intervalles pour écrire ce qu'il avait élaboré dans son cerveau en marchant. Il aimait beaucoup bavarder en marchant, s'arrêtant de temps en temps, quand la discussion s'animait ou que la conversation prenait de l'importance.

Pendant des années, je l'ai accompagné dans ses promenades du soir à Hampstead Heath ; c'est au cours de ces marches à travers les prairies qu'il fit mon éducation économique. Sans même le remarquer, il développait devant moi tout le contenu du premier volume du *Capital,* au fur et à mesure qu'il l'écrivait. D'ordinaire, à peine rentré, je notais immédiatement de mon mieux ce que je venais d'entendre ; au début, il m'était très difficile de suivre le raisonnement profond et complexe de Marx. Malheureusement, j'ai perdu ces précieuses notes ; après la Commune, la police a pillé mes papiers à Paris et à Bordeaux et les a confisqués. Je regrette surtout la perte des notes que j'avais écrites un soir où Marx m'avait exposé, avec cette richesse de preuves et de réflexions qui lui était particulière, sa géniale théorie du développement de la société humaine. Ce fut pour moi comme si un voile se déchirait devant mes yeux. Pour la première fois, je sentis clairement la logique de l'histoire mondiale et je pus ramener les phénomènes, si contradictoires en apparence, du développement de la société et de la pensée humaines à leurs causes matérielles. J'en fus comme aveuglé et conservai des années durant cette impression qu'éprouvèrent les socialistes de Madrid, lorsque, avec mes faibles moyens, je développai devant eux cette théorie, la plus géniale des théories de Marx et, sans aucun doute, une des plus géniales qu'ait jamais conçue un cerveau humain.

Le cerveau de Marx était armé d'une quantité inouïe de faits tirés de l'histoire et des sciences de la nature, ainsi que de théories philosophiques, connaissances et observations amassées au cours d'un long travail intellectuel et dont il savait admirablement se servir. On pouvait l'interroger à n'importe quel moment sur n'importe quel sujet : on recevait la réponse la plus satisfaisante qu'on pût souhaiter, toujours accompagnée de réflexions philosophiques de portée générale. Son cerveau était comme un navire de guerre sous pression : toujours prêt à partir dans n'importe quelle direction de l'océan de la pensée. Certes, le *Capital* révèle une intelligence d'une vigueur extraordinaire et d'un grand savoir, mais pour moi, comme pour tous ceux qui ont connu Marx de près, ni le *Capital*, ni aucun de ses autres écrits n'indiquent toute la profondeur de son génie et de son savoir. Il était très au-dessus de ses œuvres.

J'ai travaillé avec Marx ; je n'étais que le secrétaire à qui il dictait, mais, dans ce travail, j'ai eu l'occasion d'observer sa façon de penser et d'écrire. Le travail lui était à la fois facile et difficile : facile, parce que les faits et les idées concernant le sujet à traiter se présentaient du premier coup en foule à son esprit ; difficile, parce que, précisément, cette abondance lui rendait pénible l'exploration complète de ses idées.

Vico disait :

> La chose n'est un corps que pour Dieu, qui sait tout, mais, pour les hommes qui ne voient que l'extérieur, ce n'est qu'une surface.

Marx saisissait les choses à la façon du Dieu de Vico ; il n'en voyait pas seulement la surface, mais il en pénétrait l'intérieur, en étudiait tous les éléments dans leurs actions et réactions réciproques, isolant chacun d'eux et suivant l'histoire de son développement. Puis, de la chose, il passait à son milieu et observait l'effet de celui-ci sur celle-là, et réciproquement. Il remontait à l'origine de l'objet, aux transformations, évolutions et révolutions qu'il avait subies, pénétrant finalement jusqu'à ses répercussions les plus éloignées. Il n'y voyait pas une chose isolée, un phénomène en soi, sans rapport avec son milieu, mais un monde tout-à-fait complexe, en mouvement perpétuel, et il voulait rendre toute la vie de ce monde, dans ses actions et réactions si variées et en voie de transformation perpétuelle. Les écrivains de l'école de Flaubert et de Goncourt se plaignent de la difficulté qu'il y a à rendre exactement ce que l'on voit et cependant ce qu'ils veulent décrire, ce n'est que la surface dont parle Vico, l'impression que les choses produisent sur eux. Leur travail littéraire n'est qu'un enfantillage, en comparaison du travail accompli par Marx. Il fallait une puissance intellectuelle exceptionnelle pour saisir la réalité et un art non moins extraordinaire pour rendre ce qu'il voyait et ce qu'il voulait avoir vu. Jamais Marx n'était content de son travail, toujours il y changeait quelque chose, et toujours il pensait que l'exposition était inférieure à la représentation. Une étude psychologique de Balzac que Zola a honteusement plagiée : *le Chef-d'œuvre inconnu,* fit une profonde impression sur lui, parce qu'il y retrouvait des sentiments qu'il avait lui-même éprouvés. On y voit un peintre génial tellement torturé par le désir ardent de rendre les choses telles qu'elles se reflètent dans son cerveau qu'il apporte à son tableau des retouches perpétuelles, tant et si bien que, à la fin, ce n'est plus qu'une masse informe de couleurs qui, cependant, à ses yeux prévenus est la représentation la plus parfaite de la réalité.

Marx unissait les deux qualités du penseur génial. Il n'avait pas son pareil pour dissocier un objet en ses divers éléments et le reconstruire ensuite magistralement dans tous ses détails et ses différentes formes de développement, et en découvrir l'intime harmonie. Sa démonstration ne s'appuyait pas sur des abstractions, ainsi que le lui ont reproché des économistes incapables de penser. Il n'employait pas la méthode des géomètres qui, après avoir pris leurs définitions dans le milieu environnant, font complètement abstraction de la réalité lorsqu'il s'agit d'en tirer les conséquences. On ne trouvera pas dans le *Capital* une seule définition, une seule formule, mais une série d'analyses de la plus grande finesse, rendant les nuances les plus subtiles et les différences de degré les plus insensibles. Marx commence par la constatation de ce fait évident que la richesse des sociétés, où domine le mode de production capitaliste, apparaît comme une immense accumulation de marchandises. La marchandise — fait concret et non abstraction mathématique — est donc l'élément, la cellule de la richesse capitaliste. Marx prend la marchandise, la tourne et la retourne dans tous les sens, en met l'intérieur au jour, découvre les uns après les autres tous ses secrets, dont les économistes officiels n'avaient pas eu la moindre idée, bien qu'ils soient cependant plus nombreux et plus profonds que les mystères de la religion catholique. Après avoir examiné la marchandise sous toutes ses faces, il l'observe, quant à ses rapports avec les autres marchandises, dans l'échange. Puis il remonte à sa production et aux conditions historiques de cette production. Il étudie les différentes formes dans lesquelles apparaît la marchandise et montre comment elle passe d'une forme à l'autre, comment l'une produit nécessairement l'autre. La série de développement logique des phénomènes est représentée avec un art si parfait qu'on croirait presque que Marx l'a inventée et, cependant, elle est tirée de la réalité, c'est la représentation de la dialectique réelle de la marchandise.

Marx travaillait toujours avec une conscience extrême. Il ne donnait jamais un fait ou un chiffre qu'il ne pût appuyer sur les meilleures autorités. Il ne se contentait pas de renseignements de seconde main, mais il allait toujours à la source même, quelque effort que cela pût lui coûter. Il était capable de courir au British Museum pour vérifier, d'après le livre même, un fait secondaire. Jamais ses critiques n'ont pu lui reprocher la moindre inexactitude ou lui prouver que, dans sa démonstration, il s'appuyait sur des faits ne résistant pas à un examen rigoureux. Cette habitude de remonter aux sources l'avait amené à lire les écrivains les moins connus et qui ne sont cités que par lui seul. Le *Capital* contient une telle quantité de citations d'écrivains inconnus qu'on serait tenté de croire que l'auteur a pris plaisir à étaler ses connaissances. Mais il n'en est rien : « J'exerce la justice historique, disait Marx, j'accorde à chacun ce qui lui revient. » Il considérait, en effet, qu'il était de son devoir de nommer l'écrivain, quelque insignifiant ou inconnu qu'il pût être, qui avait été le premier à exprimer une idée, ou chez qui celle-ci avait trouvé l'expression la plus exacte.

Sa conscience littéraire était aussi sévère que sa conscience scientifique. Non seulement il ne se serait jamais appuyé sur un fait dont il n'était pas tout à fait sûr, mais il ne se serait jamais permis de traiter un sujet qu'il n'avait pas étudié à fond. Il ne publiait rien qui ne fût refait a plusieures reprises, jusqu'à ce qu'il eût trouvé la forme adéquate. Il ne pouvait supporter l'idée de paraître incomplet devant le public. Ce lui eût été un martyre de montrer ses manuscrits avant qu'il y eût mis la dernière main. Ce sentiment était si fort en lui qu'il me dit un jour qu'il préférerait brûler ses manuscrits que de les laisser incomplets.

Sa méthode de travail lui imposait des tâches dont les lecteurs de ses ouvrages peuvent difficilement se faire une idée. C'est ainsi que, pour écrire les quelque vingt pages du *Capital* sur la législation anglaise concernant la protection du travail, il dut parcourir toute une bibliothèque de livres bleus, contenant les rapports de la commission d'enquête et des inspecteurs de fabriques d'Angleterre et d'Ecosse. Il les lut du commencement à la fin, comme en font foi les nombreux coups de crayon qu'il y donna. Il comptait ces rapports parmi les documents les plus importants, les plus considérables pour l'étude du régime de production capitaliste, et il avait une si haute opinion des hommes qui les rédigèrent qu'il doutait qu'on pût trouver alors dans aucun autre pays d'Europe « des hommes aussi compétents, aussi impartiaux et aussi nets que les inspecteurs de fabrique d'Angleterre ». Il leur a hautement manifesté son estime dans la préface de son *Capital.*

Marx puisa une documentation considérable dans ces livres bleus, que nombre de membres de la Chambre des communes, comme de la Chambre des lords, à qui ils étaient distribués, n'utilisaient que comme des cibles, sur lesquelles on tire pour mesurer, d'après le nombre des pages que la balle traverse, la force de percussion de l'arme. D'autres les vendaient au poids, et c'est le mieux qu'ils pussent faire, car cet usage permit à Marx de les acheter à bon marché, à un marchand de vieux papiers de Long Acre, chez qui il allait de temps en temps pour y passer en revue livres et paperasses. Le professeur Beesly a dit un jour que Marx est l'homme qui a le plus utilisé les enquêtes officielles de l'Angleterre et les a fait connaître au monde. C'est que le professeur Beesly ignorait que, dès avant 1845, Engels avait tiré de nombreux documents des livres bleus qu'il utilisa pour composer son livre sur *la Situation des classes laborieuses en Angleterre.*

II.

Pour apprendre à connaître et à aimer le cœur qui battait sous l'enveloppe du savant, il fallait voir Marx, quand il avait fermé ses livres et ses cahiers, au sein de sa famille, et, le dimanche soir, au milieu de ses amis. A ces moments-là, il se révélait le compagnon le plus agréable qui fût, plein de gaieté et d'humour, et aimant à rire de tout son cœur. Ses yeux noirs, ombragés par d'épais sourcils, brillaient de joie et d'ironie moqueuse, chaque fois qu'il entendait un bon mot ou une répartie spirituelle.

C'était un père doux, tendre et indulgent. « Il faut que les enfants fassent l'éducation des parents », avait-il coutume de dire. Jamais il n'a fait sentir à ses filles, qui l'ai-

1. Positiviste anglais. C'est lui qui présida le meeting où fut fondée l'Internationale.

maient à la folie, la moindre parcelle d'autorité paternelle. Il ne leur donnait jamais d'ordre, mais leur demandait comme un service ce qu'il désirait d'elles, ou bien il les persuadait de ne pas faire ce qu'il ne voulait pas qu'elles fissent. Et, cependant, il était obéi comme rarement père le fut. Ses filles le considéraient comme un ami et se comportaient avec lui comme avec un camarade. Elles ne l'appelaient pas « Père », mais « Mohr [1] », un surnom qu'on lui avait donné à cause de son teint brunâtre, de sa barbe et de ses cheveux d'un noir d'ébène. Par contre, les membres de la Ligue des communistes, déjà avant 1848, l'appelaient le « père Marx », bien qu'il n'eût pas encore, à cette époque, atteint la trentaine.

Il lui arrivait de jouer pendant des heures avec ses enfants. Ceux-ci se rappellent encore les batailles navales et les incendies de flottes entières de bateaux en papier qu'il fabriquait pour eux, et qu'il livrait ensuite aux flammes dans un grand baquet, à leur plus grande joie. Le dimanche, ses filles ne lui permettaient pas de travailler ; il leur appartenait pour toute la journée. Lorsqu'il faisait beau, toute la famille partait pour une grande promenade à travers les champs. On s'arrêtait en route dans une auberge, pour boire de la bière de gingembre et manger du pain et du fromage. Lorsque ses filles étaient encore petites, il leur raccourcissait la promenade, en leur racontant des contes de fées qui n'en finissaient jamais, contes qu'il inventait en marchant et dont il compliquait et renforçait les péripéties selon la longueur de la route, de sorte que les petites, en l'écoutant, en oubliaient leur fatigue. Marx possédait une imagination poétique d'une richesse incomparable ; ses premières œuvres littéraires furent des poésies. Madame Marx gardait soigneusement les œuvres de jeunesse de son mari, mais ne les montrait à personne. Les parents de Marx avaient rêvé pour leur fils la carrière d'homme de lettres et de professeur, mais, à leur sens, il s'abaissa en

1. En allemand Mohr signifie nègre.

se consacrant à l'agitation socialiste et en s'occupant d'économie politique, science qui, à cette époque, était très peu estimée en Allemagne. Marx avait promis à ses filles d'écrire pour elles un drame sur les Gracques. Malheureusement, il ne put tenir parole ; il eût été intéressant de voir comment lui, qu'on appelait le « chevalier de la lutte des classes », eût traité ce terrible et grandiose épisode de la lutte des classes dans le monde antique. Marx avait en tête un grand nombre de projets qu'il ne put jamais réaliser. Il se proposait, entre autres, d'écrire une logique et une histoire de la philosophie ; celle-ci avait été dans sa jeunesse son étude favorite. Il lui eut fallu vivre cent ans pour exécuter ses projets littéraires et pouvoir donner au monde une partie des trésors que renfermait son cerveau.

Sa vie durant, sa femme lui fut une compagne dans le vrai sens du mot. Ils s'étaient connus enfants, avaient grandi ensemble. Marx n'avait pas plus de 17 ans lorsqu'il se fiança avec elle. Les jeunes gens attendirent neuf ans avant de se marier, en 1843, et, depuis, ils ne se quittèrent plus. Madame Marx est morte peu de temps avant son mari. Quoiqu'elle fût née et eût été élevée dans une famille d'aristocrates allemands, personne n'avait à un plus haut degré qu'elle le sentiment d'égalité. Les différences et les classifications sociales n'existaient pas pour elle.

Dans sa maison et à sa table, elle recevait les ouvriers en costume de travail avec la même politesse, la même prévenance, que s'il se fût agi de princes du sang. Un grand nombre d'ouvriers de tous les pays ont joui de son aimable hospitalité et je suis convaincu qu'aucun d'eux ne s'est jamais douté que la femme qui les recevait, avec une si simple et si franche cordialité, descendait, par les femmes, de la famille des ducs d'Argyll, et que son frère avait été ministre du roi de Prusse. Madame Marx ne s'en souciait pas le moins du monde. Elle avait tout quitté pour suivre son Karl et jamais, même aux moments de la plus noire misère, elle ne regretta ce qu'elle avait fait.

Elle avait un esprit enjoué et brillant. Les lettres qu'elle adressa à ses amis et qui sont écrites d'une plume légère, sont de véritables petits chef-d'œuvres et révèlent un esprit vif et original. C'était une véritable fête de recevoir une lettre de Madame Marx. Jean-Philippe Becker en a publié plusieurs. Henri Heine, l'impitoyable satirique, craignait l'ironie de Marx, mais il avait une grande admiration pour l'intelligence fine et pénétrante de sa femme. A l'époque du séjour du ménage Marx à Paris, il fut un hôte assidu de la maison. Marx avait une si haute opinion de l'intelligence et de l'esprit critique de sa femme qu'il me disait en 1866, qu'il lui avait toujours communiqué tous ses manuscrits, et qu'il attachait une grande valeur à son jugement. Madame Marx recopiait les manuscrits de son mari pour l'impression.

Madame Marx eut beaucoupt d'enfants. Trois d'entre eux moururent en bas âge, au cours de la période de privations que la famille traversa après la révolution de 1848, lorsque, réfugiée à Londres, elle dut habiter dans deux petites chambres de Dean Street, Soho Square. Je n'ai connu que les trois filles de la famille. Lorsque je fus introduit pour la première fois chez Marx, en 1865, la plus jeune, Eléonore, qui est maintenant la femme d'Aveling, était une charmante enfant avec un caractère de garçon. Marx prétendait que sa femme s'était trompée de sexe, en la mettant au monde comme fille. Les deux autres filles constituaient le contraste le plus charmant et le plus harmonieux qu'on pût admirer. L'aînée, Madame Longuet, avait comme son père, le teint mat, les yeux noirs et les cheveux d'un noir de corbeau. La plus jeune, Madame Lafargue, était rose et blonde, ses opulentes boucles dorées brillaient comme si le soleil couchant s'y fût réfugié; elle ressemblait à sa mère.

A côté de ceux que nous venons de nommer, la famille Marx comptait encore un membre important: Mademoiselle Hélène Demuth. Issue d'une famille de paysans, elle était entrée toute jeune, presque enfant encore, au service de

Madame Marx, longtemps avant le mariage de celle-ci avec Marx. Lorsque sa maîtresse se maria, Hélène Demuth ne voulut pas la quitter et se consacra à la famille Marx avec un tel dévouement qu'elle s'en oubliait elle-même. Elle accompagna Madame Marx et son mari dans tous leurs voyages à travers l'Europe et partagea leurs expulsions. Son esprit de ménagère pratique lui permettait de se tirer des situations les plus difficiles. C'est à son esprit d'ordre, d'économie, à son habileté que la famille Marx dut de n'avoir jamais manqué au moins du strict nécessaire. Elle s'entendait à tout : elle faisait la cuisine, s'occupait du ménage, habillait les enfants, coupait les habits qu'elle cousait avec l'aide de Madame Marx. Elle était en même temps l'économe et le majordome de la maison qu'elle dirigeait. Les enfants l'aimaient comme une mère, et elle avait sur eux une autorité maternelle, parce qu'elle avait pour eux un amour maternel. Madame Marx considérait Hélène comme une amie intime et Marx avait pour elle une amitié particulière ; il jouait aux échecs avec elle et il lui arrivait souvent de perdre la partie. L'amour d'Hélène pour la famille Marx était aveugle ; tout ce que faisaient les Marx était bien ; il ne pouvait pas en être autrement. Qui critiquait Marx avait affaire à elle. Quiconque était admis dans l'intimité de la famille, elle le prenait sous sa protection maternelle. Elle avait, pour ainsi dire, adopté toute la famille Marx. Mademoiselle Hélène a survécu à Marx et à sa femme. Elle consacre aujourd'hui ses soins à la maison d'Engels qu'elle a connu dans sa jeunesse et sur qui elle étend l'affection qu'elle avait pour la famille de Marx.

D'ailleurs, Engels était également de la famille. Les filles de Marx l'appelaient leur second père, il était l'*alter ego* de Marx. Pendant longtemps on ne sépara pas en Allemagne leurs deux noms que l'histoire réunira pour toujours. Marx et Engels ont réalisé, dans notre siècle, l'idéal de l'amitié que dépeignent les poètes de l'antiquité. Dès la jeunesse, ils se sont développés ensemble et, parallèlement, ont vécu dans la plus intime communauté d'idées et de sentiments, participé à la même agitation révolutionnaire et travaillé ensemble tant qu'ils ont pu rester ensemble. Ils eussent probablement mené cette activité commune toute leur vie si les événements ne les avaient pas obligés à vivre près de vingt ans séparés. Après l'échec de la révolution de 1848, Engels dut se rendre à Manchester, tandis que Marx était obligé de rester à Londres. Ils continuèrent cependant à mener une vie intellectuelle commune, en se communiquant presque journellement, par correspondance, leur opinion sur les événements politiques et scientifiques du jour, ainsi que leurs travaux intellectuels. Dès qu'Engels put se libérer de son travail, il se hâta de quitter Manchester et de s'établir à Londres, à dix minutes seulement de la maison de son cher Marx. De 1870 jusqu'à la mort de son ami, il ne se passa pas un seul jour où les deux hommes ne se soient vus tantôt chez l'un, tantôt chez l'autre.

C'était une véritable fête pour la famille Marx quand Engels annonçait qu'il allait venir de Manchester leur rendre visite. On parlait longtemps à l'avance de sa venue prochaine, et, le jour de son arrivée, Marx était tellement impatient qu'il ne pouvait travailler. Les deux amis restaient toute la nuit assis à fumer et à boire, en se racontant tous les événements survenus depuis leur dernière rencontre.

Marx mettait l'opinion d'Engels au-dessus de toutes les autres, car Engels était l'homme qu'il considérait comme le seul capable d'être son collaborateur. Engels était pour lui tout un public ; pour le persuader, pour le gagner à ses idées, aucun travail n'était trop pénible pour Marx. Je l'ai vu, par exemple, parcourir à nouveau des livres entiers afin de retrouver les faits dont il avait besoin pour modifier l'opinion d'Engels sur un point secondaire, que j'ai oublié depuis, de la croisade politique et religieuse des Albigeois. Conquérir l'adhésion d'Engels était un triomphe pour lui.

Marx était fier d'Engels. Il m'énumérait avec satisfaction toutes les qualités morales et intellectuelles de son ami; il alla avec moi à Manchester exprès pour me le montrer. Plein d'admiration pour l'extraordinaire variété des connaissances scientifiques d'Engels, il craignait sans cesse qu'un accident ne lui survînt. « Je tremble toujours, me disait-il, qu'il ne lui arrive malheur au cours de l'une de ces chasses à courre auxquelles il prend part avec passion, galopant à bride abattue à travers champs et franchissant tous les obstacles. »

Marx était aussi bon ami que bon époux et bon père, mais il trouva également dans sa femme, dans ses filles, dans Hélène et Engels des êtres qui méritaient d'être aimés par un homme tel que lui.

III.

Marx, qui avait commencé par être l'un des chefs de la bourgeoisie radicale, se vit abandonné dès que son opposition se fit décisive, et traité comme un ennemi, dès qu'il devint socialiste. Après l'avoir insulté, calomnié, traqué et expulsé d'Allemagne, on organisa contre lui et ses travaux la conspiration du silence. Le *18-Brumaire* qui montre que, de tous les historiens et hommes politiques de l'année 1848, Marx est le seul qui ait compris et exposé clairement le vrai caractère des causes et des conséquences du coup d'Etat du 2 décembre 1851, resta complètement ignoré. Pas un journal bourgeois ne mentionna l'ouvrage malgré son caractère d'actualité.

Il en fut de même pour *Misère de la philosophie,* réponse à la *Philosophie de la misère* de Proudhon, ainsi que pour la *Critique de l'économie politique.* Mais l'Internationale et l'apparition du premier volume du *Capital* rompirent cette conspiration du silence, qui avait duré près de quinze ans. Il n'était d'ailleurs plus possible d'ignorer Marx. L'Internationale grandissait et remplissait le monde du bruit de ses actions. Quoique Marx se tînt à l'arrière-plan, faisant agir les autres, on découvrit bientôt qu'il en était le vrai régisseur. En Allemagne, le Parti social-démocrate était fondé et grandit bientôt au point de devenir une force à qui Bismarck fit la cour avant de passer à l'attaque.

Schweitzer, le partisan de Lassalle, publia une série d'articles dont Marx appréciait la grande valeur et dans lesquels il faisait connaître le *Capital* au public ouvrier. Sur la proposition de Jean-Philippe Becker, le congrès de l'Internationale décida d'attirer l'attention des socialistes de tous les pays sur l'ouvrage comme étant la Bible de la classe ouvrière.

Après l'insurrection du 18 mars 1871, dans laquelle on voulait voir la main de l'Internationale, et après la défaite de la Commune, que le Conseil général de l'Internationale défendit contre les attaques furieuses de la presse bourgeoise de tous les pays, le nom de Marx devint célèbre dans le monde entier. Il fut reconnu comme le théoricien irréfutable du socialisme scientifique et l'organisateur du premier mouvement ouvrier international. Le *Capital* devint le manuel des socialistes de tous les pays ; tous les journaux socialistes et ouvriers popularisèrent ses doctes théories et en Amérique, au cours d'une grande grève, à New York, on en publia des passages sous forme de tracts, pour encourager les ouvriers à la résistance et leur prouver le bien-fondé de leurs revendications. Le *Capital* fut traduit dans les principales langues d'Europe, en russe, en français et en anglais. On en publia des extraits en allemand, en italien, en français, en espagnol et en hollandais. Et chaque fois qu'en Europe ou en Amérique des adversaires tentaient de réfuter ses thèses, les économistes socialistes trouvaient immédiatement une réponse qui leur fermait la bouche. Le *Capital* est devenu aujourd'hui, en réalité, comme l'a dit le congrès de l'Internationale, la Bible de la classe ouvrière.

Mais la part active que Marx prenait nécessairement au mouvement socialiste, lui laissait peu de temps pour ses travaux scientifiques. La mort de sa femme et de sa fille aînée, Madame Longuet, devait exercer sur ses travaux une influence vraiment néfaste.

Marx était très étroitement lié par un attachement profond à sa femme dont la beauté avait été sa joie et sa fierté, et dont la douceur et le caractère dévoué l'avaient

aidé à supporter la misère, compagne inévitable de sa vie mouvementée de socialiste révolutionnaire. La maladie qui emporta Madame Marx devait abréger les jours de son mari. Au cours de cette longue et douloureuse maladie, Marx dont l'esprit était affaibli par les émotions et le corps épuisé par les veilles, le manque d'air et d'exercice, contracta une bronchite qui faillit l'emporter.

Madame Marx mourut le 2 décembre 1881, en communiste et matérialiste ainsi qu'elle avait toujours vécu. La mort ne l'effraya pas. Lorsqu'elle sentit que la fin approchait, elle cria : « Karl, mes forces sont brisées ! ». Ce furent ses dernières paroles intelligibles. Elle fut enterrée, le 5 décembre, au cimetière d'Highgate dans la section des «maudits» (*unconsecrated ground,* terre profane). Conformément aux habitudes de toute sa vie et de celles de Marx, on évita soigneusement de lui faire des funérailles publiques. Seuls, quelques amis intimes accompagnèrent la défunte au lieu de son dernier repos. Avant la séparation, le vieil ami de Marx, Engels, prononça les paroles suivantes sur le bord de la tombe:

Mes amis! La femme de grand cœur que nous enterrons était née à Salzwedel, en 1814. Son père, le baron de Westphalen, fut, quelque temps après envoyé à Trèves, en qualité de conseiller du gouvernement où il se lia étroitement d'amitié avec la famille Marx. Les enfants grandirent ensemble. Ces deux riches natures s'accordèrent. Lorsque Marx entra à l'Université, la communauté de leurs futures destinées était déjà chose décidée.

Le mariage eut lieu en 1843, après l'interdiction de la première *Gazette rhénane,* un moment rédigée par Marx. A partir de cette date, Jenny Marx a non seulement partagé le sort, les travaux et les luttes de son mari, mais elle y a participé avec la plus parfaite compréhension et la passion la plus ardente.

Le jeune ménage se rendit à Paris, en exil volontaire, qui ne tarda pas à se transformer en exil réel. Le gouvernement prussien y poursuivit encore Marx. Je doit ajouter avec regret qu'un homme comme Alexandre de Humboldt s'abaissa jusqu'à participer aux efforts faits pour obtenir l'ordre d'expulsion lancé contre Marx. La famille fut refoulée à Bruxelles. Survint

la révolution de Février. Pendant les troubles qui s'ensuivirent aussi à Bruxelles, non seulement Marx fut arrêté, mais le gouvernement eut le cynisme de jeter également sa femme en prison, sans aucun motif.

L'essor révolutionnaire de 1848 s'effondra dès l'année suivante. Nouvel exil, d'abord à Paris, puis, sur une nouvelle intervention du gouvernement français, à Londres. Et cette fois, ce fut en effet pour Jenny Marx, l'exil dans toute son horreur. Elle eût encore surmonté les souffrances matérielles qui causèrent la mort de ses deux garçons et d'une fille. Mais que le gouvernement et l'opposition bourgeoise, depuis l'opposition libérale «vulgaire» jusqu'à celle des démocrates, se soient coalisés dans un grand complot contre son mari, qu'ils l'aient abreuvé des calomnies les plus basses, les plus misérables, que toute la presse se soit fermée à lui, lui interdisant ainsi toute possibilité de défense, de sorte qu'il se trouvait momentanément désarmé devant des adversaires que tous deux ne pouvaient que mépriser, — tout cela l'affecta profondément. Et cela dura très longtemps.

Mais pas toujours! Les circonstances permirent de nouveau au prolétariat européen de se mouvoir en quelque sorte d'une façon indépendante. L'Internationale fut créée. De pays en pays la lutte de classe du prolétariat s'étendit et au tout premier rang combattit son mari. Une période commença pour elle qui fut une compensation à maintes souffrances. Elle put voir comment les calomnies qui avaient plu dru comme grêle sur Marx se dissipaient tels des fétus de paille au vent; comment ses enseignements, que tous les partis réactionnaires, depuis les féodaux jusqu'aux démocrates, s'étaient efforcés, avec une peine infinie d'étouffer, étaient criés sur les toits dans tous les pays civilisés et dans toutes les langues. Elle put voir le mouvement prolétarien auquel elle avait lié toute son existence, ébranler le vieux monde jusque dans ses fondements, depuis la Russie jusqu'à l'Amérique et, en dépit de toutes les résistances, progresser de plus en plus, sûr de sa victoire. Et l'une de ses dernières joies fut la preuve frappante de vitalité indestructible fournie par nos ouvriers allemands lors des dernières élections au Reichstag.

Ce qu'une telle femme, possédant un esprit si vif et si critique, un tel tact politique, une telle énergie, une telle force de caractère, un tel dévouement pour les camarades en lutte, a fait pendant près de quarante ans dans le mouvement, l'opinion publique n'en fut pas informée et on ne le trouve pas consigné dans les annales de la presse contemporaine. Il faut l'avoir vu

soi-même. Mais ce que je sais, c'est que, de même que les femmes des réfugiés de la Commune se souviendront encore longtemps d'elle, de même, nous autres, nous regretterons encore plus d'une fois ses conseils prudents et hardis, hardis sans forfanterie, prudents sans jamais, toutefois, faire de concessions sur le chapitre de l'honneur.

Je n'ai pas besoin de parler de ses qualités personelles. Ses amis l'ont connue et ne l'oublieront pas. S'il y eut jamais une femme pour qui le plus grand bonheur était de rendre les autres heureux, ce fut cette femme.

Après la mort de sa femme, la vie de Marx ne fut qu'un enchaînement de souffrances physiques et morales qu'il supporta stoïquement et qui ne firent que s'aggraver lorsque, un an après, sa fille aînée, Madame Longuet, mourut subitement. Il en fut brisé et ne s'en releva pas. Il expira assis devant sa table de travail, le 14 mars 1883, dans sa 65e année.

WILHELM LIEBKNECHT[1]

Souvenirs sur Marx

(Extraits)

I.

Ma première rencontre avec Marx

Mon amitié pour les deux filles les plus âgées de Marx — elles avaient alors 6 et 7 ans — commença peu de jours après mon arrivée à Londres dans l'été 1850. Je venais de Suisse ou, pour parler plus exactement, je sortais d'une prison de la «libre Suisse» et je gagnais Londres par un itinéraire imposé à travers la France.

Je rencontrai la famille de Marx à la fête d'été de l'Association d'éducation des ouvriers communistes — je ne sais plus où — je ne me rappelle plus si c'est à Greenwich ou à Hampton-Court, non loin de Londres. Le « père Marx », que je voyais pour la première fois, me fit passer aussitôt un examen sévère, me fixant de ses yeux perçants et examinant ma tête de façon assez minutieuse — opération à laquelle m'avait habitué mon ami Gustave Struve qui doutait obstinément de ma « tenue morale », et qui avait fait de moi, avec une prédilection particulière, la victime de ses recherches phrénologiques. Cependant, je passai l'examen

---

1. Wilhelm Liebknecht (1826-1900), l'un des chefs et des fondateurs de la social-démocratie allemande. Ces extraits sont tirés de ses *Souvenirs de Marx,* qui furent publiés en 1896. Les sous-titres ont été ajoutés par la rédaction de cette édition.

avec succès, je supportai les regards de la tête altière à la crinière de lion d'un noir de charbon. L'examen se transforma en une conversation animée, débordante de gaîté, et, bientôt, nous nous trouvâmes en pleine fête d'une gaîté folle où Marx était un des plus pétulants. C'est là que je fis immédiatement connaissance de Madame Marx, de Lenchen, qui était sa fidèle auxiliaire dans le ménage depuis sa jeunesse, ainsi que des enfants.

A partir de ce jour, je fus chez Marx comme chez moi et pas un seul jour je ne manquai de me rendre dans la famille qui habitait alors dans la Deanstreet, une rue transversale de l'Oxfordstreet, tandis que je m'installais dans la rue voisine Churchstreet.

II.

Mon premier entretien

Mon premier long entretien avec Marx eut lieu le lendemain de notre rencontre à la partie de campagne, mentionnée plus haut, de l'Association d'éducation des ouvriers communistes. Naturellement, nous n'y avions pas eu l'occasion d'avoir un entretien approfondi et Marx m'avait invité pour le lendemain au local de l'Association où se trouverait probablement aussi Engels. J'arrivais un peu avant l'heure fixée, Marx n'y était pas encore ; mais j'y trouvai plusieurs vieilles connaissances et j'étais en pleine conversation animée, lorsque Marx me frappa sur l'épaule et, me saluant très amicalement, me dit que Engels était en bas au *Private Parlour* où nous serions mieux entre nous. Je ne savais pas ce que c'était qu'un *Private Parlour,* et j'eus le pressentiment que j'allais passer maintenant le « grand » examen, mais je le suivis en toute confiance. Marx qui avait fait sur moi la même impression sympathique que la veille, avait cette qualité d'inspirer confiance. Il me prit sous le bras et me conduisit au *Private Parlour,* c'est-à-dire dans la chambre particulière de notre hôtelier — c'était peut-être une hôtelière ? — où Engels qui s'était déjà muni d'un pot d'étain plein de stout (bière de couleur brunâtre foncée), m'accueillit aussitôt par de joyeuses plaisanteries. En un clin d'œil, on commanda à Amy (ou Emma, c'est ainsi qu'elle fut baptisée par les proscrits à cause de la similitude de son nom allemand), la serveuse accorte, de quoi boire et aussi de quoi manger — chez nous autres proscrits la question de ventre jouait un rôle éminent, en un clin d'œil la bière fut sur la table et nous nous assîmes, moi d'un côté de la table, Marx et Engels en face de moi. La table massive de bois d'acajou, les pots d'étain étincelants, le stout mousseux, la perspective d'un vrai bifteck anglais bien garni, les grandes pipes de terre qui nous invitaient à fumer — tout cela vous avait un air très confortable qui me rappela vivement une gravure des illustrations anglaises de Boz [1] Mais ça n'en était pas moins un *examen !* Bah, on s'en tirera, pensai-je. La conversation allait de plus en plus son train. Je n'avais pas eu, avant l'année précédente où j'avais rencontré Engels à Genève, de relations personnelles avec eux. De Marx, je n'avais connu que ses articles dans les *Annales* de Paris et la *Misère de la philosophie,* et d'Engels *la Situation des classes travailleuses en Angleterre.* Communiste depuis 1846, je n'avais pu me procurer *le Manifeste communiste* que peu de temps avant ma rencontre avec Engels après la campagne pour la Constitution de l'Empire, quoique, naturellement, j'en eusse déjà entendu parler auparavant et que j'en connusse le contenu. Quant à la *Neue Rheinische Zeitung,* je n'avais pu la voir que très rarement, car pendant les onze mois de

1. Il s'agit du recueil d'esquisses de Ch. Dickens, parues dans le *Morning Chronicle* et le *Monthly Magazine,* réunies sous le titre : *Sketches by Boz* (2 vol. 1836-37), avec illustrations de Chnikspanx.

sa parution, j'avais été ou bien à l'étranger, ou en prison, ou en pleine existence impétueuse et chaotique de franc-tireur.

Aux yeux de mes deux examinateurs, j'étais suspect de « démocratie » petite-bourgeoise et de « sentimentalisme sud-allemand ». Aussi, plus d'un jugement que je prononçais sur les gens et les choses souleva-t-il une critique très acerbe.

Au total, l'examen ne fut pas défavorable, et la conversation prit, peu à peu, une nouvelle ampleur. Nous fûmes bientôt sur le terrain *des sciences de la nature,* et Marx se moquait de la réaction triomphante en Europe qui s'imaginait avoir étouffé la révolution et qui ne se doutait pas que les sciences de la nature en préparaient une nouvelle. La reine vapeur qui avait bouleversé le monde au siècle précédent avait achevé son règne, à sa place allait venir un révolutionnaire encore infiniment plus grand : *l'étincelle électrique.* Et Marx, tout feu, tout flamme, se mit à me raconter que depuis quelques jours était exposé dans la Regent-street le modèle d'une machine électrique qui tirait un train.

Maintenant le problème est résolu — les conséquences sont inimaginables. Après la révolution économique devra nécessairement venir la révolution politique qui n'en est que la manifestation.

A la manière dont Marx parlait de ce progrès de la science et de la mécanique, sa conception du monde et, notamment, ce qu'on a appelé plus tard *la conception matérialiste de l'histoire,* apparaissait si clairement, que certains doutes qui me hantaient encore jusqu'à ce moment fondirent comme la neige au soleil printanier. Ce soir-là, je ne suis pas rentré à la maison. Nous avons causé, ri et bu, jusqu'au lendemain matin, et le soleil brillait déjà au ciel lorsque je me mis au lit. Je n'y pus rester longtemps. Je ne pouvais pas dormir. Ma tête était trop pleine de tout ce que j'avais entendu ; les idées qui y bourdonnaient me chassèrent à nouveau de la maison et je me dirigeais en toute hâte vers la Regentstreet pour voir le modèle, ce moderne cheval de Troie, que, dans son aveuglement la poussant au suicide, la société bourgeoisie introduisait dans son Ilion, comme autrefois avec de grands cris de joie, les Troyens et les Troyennes, et qui causerait sûrement sa perte. *Essetai haemar* — le jour viendra où la sainte Ilion tombera.

Un fort attroupement m'indiqua la vitrine derrière laquelle était exposé le modèle. Je m'y frayai un passage; en effet, la locomotive et le train étaient bien là — et locomotive et train tournaient gaiement.

Nous étions alors en 1850, au début de juillet.

III.

Marx, maître et éducateur des révolutionnaires

« Mohr » (Marx) qui, en avance de 5 ou 6 ans sur nous autres « jeunes gens », avait conscience de toute la supériorité de sa maturité d'homme, nous mettait à l'épreuve, et moi tout particulièrement, à chaque occasion. Avec ses lectures formidables et sa mémoire prodigieuse, il pouvait vous mettre sur des charbons ardents. Quelle joie pour lui lorsqu'il avait posé une « colle » à un « petit étudiant » et qu'il s'était servi de lui *in corpore vili* (sur son propre corps) pour prouver l'indigence lamentable de nos universités et de la culture académique.

Mais *il éduquait également,* de façon systématique. Je puis dire qu'il fut *mon maître* sous un double rapport, dans le sens étroit et large du mot. Et il fallait le suivre sur *tous les terrains.* Je ne parle pas de l'économie politique. On ne parle pas du pape dans la maison du pape. Je dirai plus loin quelques mots de ses cours d'économie politique à la Ligue des communistes. Marx maniait familièrement les langues mortes comme les langues vivantes. J'étais philologue, et il avait un plaisir d'enfant à me soumettre un passage difficile quelconque d'Aristote ou d'Eschyle, dans lequel j'avais de la peine à me tirer d'affaire. Quelle semonce je reçus un jour parce que je ne savais pas l'espagnol ! Vivement il tira *Don Quichotte* d'un tas de livres et il me donna aussitôt une leçon. J'avais appris, il est vrai, dans la grammaire comparée des langues romanes de Diez les principes de la grammaire et de l'étymologie. C'est pourquoi cela marcha tout-à-fait bien, sous la direction excellente de Mohr et grâce à son aide, qui se faisait pleine de sollicitude lorsque je trébuchais ou m'arrêtais. Comme il était patient lorsqu'il enseignait ! Lui, si impatient, si impétueux d'ordinaire ! Seule la visite d'un nouvel arrivant mit fin à la leçon. Et tous les jours je fus l'objet d'un nouvel examen, obligé de traduire un passage de *Don Quichotte* ou d'un autre ouvrage espagnol jusqu'à ce que j'eusse fait preuve de connaissances suffisantes.

Marx était un excellent philologue — plutôt dans les langues vivantes, il est vrai, que dans les langues mortes. Il connaissait à fond la grammaire allemande de Grimm et il connaissait mieux le dictionnaire allemand des frères Grimm au fur et à mesure de sa parution, que moi, le philologue. Il écrivait l'anglais, le français, comme un Anglais et un Français — la prononciation, il est vrai, clochait un peu. Ses articles pour la *Tribune* de New York sont écrits dans un anglais classique, de même que sa *Misère de la philosophie* contre la *Philosophie de la misère* de Proudhon dans un français classique — l'ami français, à qui il fit relire le manuscrit avant l'impression, ne trouva que très peu de choses à corriger.

Comme Marx connaissait l'*essence* de la langue et qu'il en avait étudié l'origine, le développement et la *structure,* il n'avait pas de peine à apprendre les langues. A Londres, il apprit encore le russe, et, pendant la guerre de Crimée, il eut même l'intention d'apprendre l'arabe et le turc, mais la chose en resta là. Comme tous ceux qui veulent vraiment posséder à fond une langue, c'est à la lecture qu'il attachait le plus d'importance. Celui qui a une bonne mémoire, — et Marx avait une mémoire rare, qui ne laissait plus rien échapper — acquiert vite, en lisant beaucoup, la possession du vocabulaire et de la langue. Ensuite, il est facile d'en apprendre la pratique.

Dans les années 1850 et 1851, Marx fit une série de conférences sur l'économie politique. C'est à regret qu'il s'y décida. Mais après l'avoir fait de façon tout à fait privée à un petit cercle d'amis, il se laissa cependant déterminer par nous à enseigner devant un cercle plus large. Dans ce cours, jouissance rare pour tous ceux qui eurent le bonheur d'y assister, Marx développait déjà complètement les caractères fondamentaux de son système tel qu'il nous apparaît dans le *Capital*. Dans la salle archi-comble de la Ligue communiste ou de l'Association d'éducation des ouvriers communistes, qui avait encore, à ce moment, son siège dans la Great Windmill Street, — dans la même salle où deux années et demie auparavant avait été établi le *Manifeste communiste* — Marx montrait un talent de popularisation remarquable. Personne ne détestait plus que lui la vulgarisation, c'est-à-dire la falsification grossière de la science qui lui enlève tout son esprit, mais personne ne savait s'exprimer plus clairement que lui. La clarté de la langue est le fruit de la pensée claire, une pensée claire entraîne nécessairement une forme claire.

Marx procédait avec méthode. Il établissait une thèse de façon aussi brève que possible et il l'élucidait ensuite dans une explication assez longue où il s'efforçait, au prix de soins extrêmes, d'éviter toutes les expressions incompréhensibles pour les ouvriers. Puis, il invitait les auditeurs à lui poser des questions. Si on ne le faisait pas, il commençait son examen, et il le faisait avec une telle habileté pédagogique que pas une lacune, pas une incompréhension ne lui échappaient. Comme j'exprimais mon étonnement de cette habileté, j'appris que Marx avait déjà fait à Bruxelles, à l'Union ouvrière allemande, des conférences sur l'économie politique. En tout cas, il avait l'étoffe d'un maître excellent. Dans son enseignement, il se servait également d'un tableau noir sur lequel il écrivait les formules, et parmi celles-ci les formules que nous connaissons tous au début du *Capital.*

Quel dommage que le cours n'ait duré qu'environ 6 mois, ou moins encore. Il vint à la Ligue communiste des personnes qui ne plaisaient pas à Marx. Quand le flot des proscrits se fut dispersé, l'Association se rétrécit, et prit un caractère un peu sectaire, les anciens partisans de Weitling et de Cabet firent à nouveau les importants, et Marx, à qui un si petit champ d'action ne suffisait pas et qui avait mieux à faire qu'à balayer de vieilles toiles d'araignée, se tint éloigné de la Ligue communiste...

Il poussait parfois le purisme jusqu'à la pédanterie. Et mon patois hessois qui tenait à moi avec le même entêtement que je tenais à lui m'attirait d'innombrables semonces.

Si je raconte de semblables petits détails c'est pour montrer comment Marx avait le sentiment de son rôle de *maître,* envers nous, les « jeunes ».

Evidemment, cela se manifestait encore d'autre manière. Il exigeait *beaucoup.* Dès qu'il avait découvert une lacune dans notre savoir, il insistait impérieusement jusqu'à ce qu'elle fut comblée, nous donnant pour cela les conseils nécessaires. Lorsqu'on était seul avec lui, c'était alors un examen en règle. Et ce n'étaient pas des examens pour rire. On ne pouvait pas faire prendre à Marx un x pour un u. Dès qu'il avait remarqué que tout était stérile, c'en était fini de son amitié. C'était un *honneur pour nous* d'être « menés en écoliers » par lui. Jamais je ne fus chez lui sans apprendre quelque chose...

Il n'y avait alors au sein de la classe ouvrière elle-même qu'une infime minorité qui se fût haussée jusqu'au socialisme ; et parmi les socialistes eux-mêmes, les socialistes dans l'esprit scientifique de Marx — dans l'esprit du *Manifeste communiste* — n'étaient qu'une minorité. Le gros des ouvriers, dans la mesure où ils s'étaient éveillés à la vie politique en général, étaient encore plongés dans la brume des aspirations et des formules démocratiques sentimentales qui caractérisaient le mouvement de 1848 ainsi que ses levers et baissers de rideau. Pour Marx, les applaudissements de la foule, la popularité, prouvaient que l'on était sur une voie fausse et sa devise favorite était le vers altier de Dante :

> Segui il tuo corso, e lascia dir le genti.
> [Suis ton chemin et laisse dire les gens !]

Que de fois il a cité ce vers qui termine également son introduction au *Capital*. Personne n'est insensible aux coups, aux bourrades, aux piqûres de moustiques et de punaises, et que de fois Marx, lorsqu'il suivait son chemin, attaqué de tous côtés, rongé par les soucis matériels, incompris et même parfois repoussé de façon blessante par les masses laborieuses pour la lutte libératrice desquelles il forgeait les armes dans le silence de la nuit, alors qu'elles couraient derrière les faiseurs de phrases creuses, les traîtres pleins de flatteries séduisantes ou même les ennemis déclarés, que de fois Marx, dans la solitude de son cabinet de travail misérable, bien prolétarien, a dû se dire à lui-même cette parole du grand Florentin pour se donner du courage et y puiser des forces nouvelles !

Il ne se laissa pas égarer. Contrairement au prince des *Mille et une nuits* qui perdit la victoire parce que, rendu craintif par le bruit et les images terrifiantes autour de lui, il finit par se retourner et regarder derrière lui, Marx marchait de l'avant, les yeux toujours fixés devant lui sur le but lumineux — « laissant dire les gens », et quand même « le globe terreste eût été mis en pièces », rien n'aurait pu l'arrêter sur son chemin. Et la victoire lui échut, sinon le prix de la victoire.

Avant que la mort inéluctable l'ait abattu, il a encore pu voir la semence qu'il avait répandue, monter magnifique et mûrir pour la faux du moissonneur. Oui, c'est *lui* qui a la victoire, et c'est *nous* qui en touchons le prix.

S'il haïssait la popularité, il éprouvait une colère sacrée contre la recherche de la popularité. Il avait horreur des beaux discoureurs et malheur à celui qui se complaisait dans les phrases. Il était alors inexorable. Le mot « phraseur » était dans sa bouche le blâme le plus dur, — et avec celui qu'il avait reconnu comme « phraseur », c'en était fini pour toujours. Penser logiquement et exprimer clairement ses idées — voilà ce qu'il nous inculquait à nous autres « jeunes » à chaque occasion, en même temps qu'il nous contraignait à étudier.

C'est vers cette époque que fut construite la magnifique salle de lecture du British Museum avec ses trésors inépuisables de livres. Marx qui y travaillait tous les jours nous y envoya. *Apprendre ! apprendre !* s'écriait-il assez souvent. Mais cet impératif catégorique s'exprimait également dans son exemple, bien mieux, dans le seul spectacle de cet esprit toujours d'une puissante activité.

Pendant que les autres proscrits bâtissaient des plans de subversion mondiale et s'enivraient jour par jour, soir par soir, avec le haschisch paralysant de la formule : « A demain le grand soir », nous étions assis nous, la « bande de vauriens », les « bandits », la « lie de l'humanité », au British Museum, cherchant à compléter notre instruction et à préparer des munitions pour les batailles de l'avenir.

Parfois, on n'avait rien dans l'estomac, mais cela ne nous empêchait pas d'aller au musée. N'y trouvait-on pas d'ailleurs des chaises commodes pour s'asseoir et une chaleur agréable en hiver, choses qui manquaient chez soi, en supposant qu'on ait eu un « chez soi » ou un « foyer ».

Marx avait le talent rare d'être un maître sévère sans vous décourager.

Ajoutons encore cette qualité pédagogique excellente de Marx : il nous obligeait à l'*autocritique* et ne supportait pas pas qu'on se tienne pour satisfait des connaissances acquises. Du fouet de sa raillerie, il flagellait sans pitié la douceur de vivre béate.

IV.

Le style de Marx

Marx, prétend-on, n'avait *pas de style*, ou un très mauvais style. C'est ainsi que parlent ceux qui ne savent pas ce que c'est que le style, les beaux discoureurs, les jongleurs de phrases qui n'ont pas compris Marx, qui sont incapables de le comprendre, qui sont incapables de suivre le vol de son esprit jusqu'aux plus hautes cimes de la science et de la passion et jusqu'au plus profond des abîmes de la misère et de l'infamie humaines. Si le mot de Buffon s'appliquait jamais à quelqu'un, c'est à Marx: « *le style c'est l'homme* », *le style de Marx c'est Marx*. Un homme aussi profondément véridique, qui n'a pas connu d'autre culte que celui de la vérité, qui écartait d'un tourne-main des thèses péniblement acquises et devenues chères dès qu'il s'était convaincu de leur inexactitude, ne pouvait aussi dans ses écrits que se montrer tel qu'il était. Incapable d'hypocrisie, incapable de dissimulation, il était toujours lui-même, dans ses écrits comme dans sa vie. Certes, chez une nature aussi variée, aussi vaste, aussi multiple, le style ne pouvait être aussi uni, aussi égal ou même aussi uniforme que chez des natures moins complexes et moins vastes. Le Marx du *Capital*, le Marx du *18-Brumaire*, et le Marx de *Monsieur Vogt* sont trois Marx différents — et, pourtant, dans leur vérité, il y a un *seul Marx* — leur trinité n'en constitue pas moins une unité, l'unité d'une grande personnalité qui s'exprime différemment dans des domaines différents et qui n'en est pas moins toujours la même. Certes, le style du *Capital* est difficile à comprendre, mais le sujet traité serait-il si facile à saisir ? Le style n'est pas seulement l'homme, il est aussi la *matière,* et il faut qu'il s'adapte à la matière. « *There is no royal road to science* » : Il n'y a pas de grande route vers la science. Ici, il faut que chacun fasse des efforts pour gravir les cimes, même s'il a le meilleur guide. Se plaindre du style lourd, difficile à comprendre ou même pénible du *Capital,* c'est simplement reconnaître sa propre paresse d'esprit ou sa propre incapacité de penser.

Le *18-Brumaire* est-il incompréhensible ? Est-elle incompréhensible la flèche qui vole droit au but et s'insère dans la chair ? Est-il incompréhensible le javelot lancé d'une main sûre et qui frappe en plein cœur l'ennemi ? Les paroles du *18-Brumaire* sont des flèches, ce sont des javelots. C'est un style qui cloue au pilori et qui tue. Si la haine, si le mépris, si l'amour brûlant de la liberté se sont jamais exprimés dans des mots brûlants, entraînants, c'est dans le *18-Brumaire* qui unit le sérieux indigné d'un Tacite à l'esprit cinglant d'un Juvénal, à la colère sacrée d'un Dante. Le style est ici ce qu'il était — *stilus* — à l'origine dans la main des Romains, une pointe d'acier acérée servant à la fois à écrire et à *piquer.* Le style est un poignard, qui sert à porter au cœur un coup assuré.

Et dans *Monsieur Vogt* cet humour souriant, cette joie rappelant celle de Shakespeare, tout heureux d'avoir trouvé un Falstaff qui lui sera une mine inépuisable, de quoi remplir un arsenal d'ironie !

Mais je ne veux pas parler plus longtemps ici du style de Marx. Le style de Marx, c'est Marx lui-même. On lui a reproché d'avoir tenté de comprimer dans le plus petit espace le plus grand contenu possible, mais c'est précisément Marx.

Marx attachait une valeur exceptionnelle à l'expression pure, correcte. Et ce sont Gœthe, Lessing, Shakespeare, Dante, Cervantès dont il faisait sa lecture journalière, qu'il avait choisis comme ses plus grands maîtres. Sous le rapport de la pureté et de la correction de la langue, il était d'une conscience tout à fait minutieuse. Je me rappelle encore que dans mon premier séjour à Londres, il me gratifia d'une semonce parce que j'avais écrit dans un article : « L'assemblée ayant eu lieu [1] », je voulus m'excuser en invoquant l'usage, mais alors Marx éclata : « Qu'est ce que c'est que ces pitoyables lycées allemands où on n'apprend point l'allemand ! Ces pitoyables universités allemandes ! », et ainsi de suite. Je me défendis de mon mieux, je lui citai également des exemples tirés des classiques, mais je n'ai jamais plus parlé d'événements « ayant eu lieu », et j'en ai fait perdre aussi l'habitude à plus d'un.

Marx était un puriste sévère, souvent il cherchait laborieusement et longtemps l'expression exacte. Il haïssait les mots étrangers, superflus et si, néanmoins, il employa fréquemment des mots étrangers, lorsque le sujet ne l'exigeait pas, il faut faire la part de son long séjour à l'étranger, notamment en Angleterre. Mais quelle quantité infinie de mots composés pleins d'originalité et de tournures de phrases tout à fait allemandes nous trouvons dans Marx qui, bien qu'ayant passé deux tiers de sa vie à l'étranger, a rendu de grands services à notre langue allemande et compte parmi les maîtres et les créateurs les plus qualifiés de la langue allemande.

V.

L'homme politique, le maître et l'homme

La politique était un objet d'études pour Marx, il détestait mortellement les politiciens et leur politique d'estaminet. En effet, peut-on s'imaginer quelque chose de plus répugnant ? L'histoire est le produit de toutes les forces

1. Incorrection grammaticale (*die stattgehabte Versammlung*), difficile à rendre en français.

en action dans l'homme et la nature et de la pensée humaine, des passions humaines et des besoins humains. Mais la politique, c'est, dans la *théorie*, la *connaissance* de ces millions et milliards de facteurs occupés à tisser sur le « métier du temps », et, dans la *pratique*, c'est l'*action qui* résulte de cette connaissance. La politique est donc à la fois une *science (pure)* et une *science appliquée.*

Marx pouvait entrer dans une belle fureur lorsqu'il parlait des têtes creuses qui arrangent les choses avec quelques formules toutes faites et, prenant leurs aspirations et leurs idées plus ou moins confuses pour des faits, dirigent de la table du café, dans les journaux ou dans les réunions populaires et les Parlements, les destinées du monde. Heureusement que le monde ne s'en soucie nullement. Par « têtes creuses », Marx entendait parfois des « grands hommes » très célèbres et grandement fêtés.

Mais sur ce point Marx n'a pas seulement exercé sa critique, il a donné également un modèle exemplaire, notamment dans ses ouvrages sur le récent développement de la France et sur le coup d'Etat de Napoléon ainsi que dans ses lettres à la *Tribune* de New-York où il a fourni des exemples classiques de la façon d'écrire l'histoire politique.

Et voilà qu'une comparaison s'impose à mon esprit. Le coup d'Etat de Bonaparte que Marx a traité dans son *18-Brumaire* fut également l'objet d'un ouvrage devenu célèbre de Victor Hugo, le plus grand des romantiques et des virtuoses du verbe français. Quel contraste entre les deux livres et les deux hommes ! Là, des phrases monstrueuses et un monstre de phraséologie, ici des faits, ordonnés méthodiquement — l'homme de science qui pèse froidement et l'homme politique irrité, mais dont la colère ne trouble jamais le jugement.

Là-bas, l'écume chatoyante et fugitive, les éclats d'une rhétorique pathétique, les caricatures grotesques, — ici autant de mots, autant de flèches touchant le but, autant de phrases, autant d'accusations pleines de vigueur, chargées de faits, la vérité toute nue, subjuguante, pas d'indignation, mais la fixation, le martèlement de ce qui est. Le *Napoléon le Petit* de Victor Hugo connut dix tirages rapidement épuisés et aujourd'hui il est oublié. Le *18-Brumaire* de Marx sera encore lu avec admiration dans des milliers d'années. *Napoléon le Petit* de Victor Hugo était un pamphlet, le *18-Brumaire* de Marx est une œuvre historique qui sera pour l'historien futur de la culture — et l'avenir ne connaîtra pas d'autre histoire mondiale que celle de la culture — aussi indispensable qu'est pour nous l'histoire de la guerre du Péloponèse de Thucydide.

Marx, je l'ai déjà dit à une autre occasion, ne pouvait devenir ce qu'il est devenu qu'en Angleterre. Dans un pays aussi peu développé économiquement que l'était l'Allemagne, jusqu'au milieu de ce siècle, Marx eut été dans la même incapacité d'écrire sa critique de l'économie bourgeoise et d'acquérir la connaissance du processus de production capitaliste que cette Allemagne, si peu développée économiquement, d'avoir les institutions politiques de l'Angleterre avec son grand développement économique. Marx était sous la même dépendance que tout autre individu de son ambiance et des conditions dans lesquelles il vivait, et sans cette ambiance et sans ces conditions il ne serait pas devenu ce qu'il est. Personne ne l'a mieux démontré que lui-même.

Observer un tel esprit pendant qu'il laisse agir sur lui les conditions données et qu'il pénètre de plus en plus profondément dans la nature ou dans la société, la chose en soi est déjà une haute jouissance de l'esprit, et jamais je ne saurai assez priser ma fortune qui m'a conduit, moi, jeune homme inexpérimenté, assoiffé de culture, vers Marx et qui m'a mis sous son influence et à son école.

Etant donné cet esprit si divers et même, on peut le dire, cet esprit universel — cet esprit qui embrassait l'univers, qui pénétrait dans tous les détails essentiels, pour qui rien n'était méprisable parce que accessoire et insignifiant, l'éducation devait nécessairement être multiforme.

Marx fut un des premiers à comprendre l'importance des recherches de Darwin. Déjà avant 1859, l'année de la parution de *Origine of Species* (l'*Origine des espèces*), — coïncidence remarquable, ce fut aussi l'année de la parution de l'ouvrage de Marx, *Critique de l'économie politique* -- Marx avait reconnu le formidable travail de pionnier de Darwin qui, loin du bruit et du chaos de la grande ville, dans sa propriété paisible à la campagne, avait préparé également une révolution, tout comme lui-même au centre bruyant du monde — avec cette seule différence que le levier avait pesé sur un autre point.

Marx suivait de près chaque nouvelle parution, constatait chaque progrès, en particulier dans le domaine des sciences naturelles — y compris la physique et la chimie — et de l'histoire.

Et Moleschott, Liebig, Huxley — aux « cours populaires » duquel nous assistions consciencieusement — étaient dans notre milieu des noms aussi souvent cités que Ricardo, Adam Smith, Mac-Culloch et les économistes écossais et italiens.

Et lorsque Darwin tira les conséquences de ses recherches et les soumit à l'opinion publique, nous ne parlions depuis des mois que de Darwin et de la puissance bouleversante de ses conquêtes scientifiques. Je souligne cela parce que certains ennemis « avancés » ont répandu le bruit que, par jalousie, Marx n'aurait reconnu que très à contre-cœur et dans une mesure très restreinte les mérites de Darwin.

Marx était le cœur le plus large et le plus juste des hommes lorsqu'il s'agissait d'apprécier le mérite d'autrui. Il était trop grand pour l'envie et la jalousie ainsi que pour la vanité. Mais la chose qu'il haïssait mortellement — comme tout ce qui est faux et falsifié — c'était la fausse grandeur, la célébrité affectée où s'étalent l'incapacité et la nature basse.

Marx fut un des rares hommes qui ne fut pas vaniteux, parmi les hommes grands, petits et moyens que j'ai connus. Il était trop grand et trop fort pour cela — et, aussi bien, trop fier. Il ne posait jamais et était toujours lui-même. Pareil à un enfant, il était incapable de mettre un masque et de dissimuler. Sauf dans les moments où pour des raisons sociales et politiques, la chose était nécessaire, c'est jusqu'au bout et sans réserve qu'il exprimait ses idées et ses sentiments et il les montrait sur son visage. Et lorsqu'il fallait être réservé, il y montrait une maladresse pour ainsi dire enfantine qui amusait souvent ses amis.

Il n'y a jamais eu d'homme plus véridique que Marx — il était la vérité incarnée. Dès qu'on le regardait, on savait aussitôt qu'il disait la vérité. Dans notre société « civilisée » en état de guerre permanente, naturellement on ne peut pas toujours dire la vérité : ce serait se livrer aux mains de l'ennemi ou se mettre au ban de la société. Mais bien que souvent l'on ne puisse dire la vérité, on n'a pas besoin pour cela de dire une contre-vérité. Je ne puis pas toujours exprimer ce que je sens et ce que je pense, mais cela ne veut pas dire qu'il faut que je dise ou que je doive dire ce que je ne sens et ne pense *pas*. Dans un cas, c'est de la prudence, dans l'autre c'est de l'hypocrisie. Marx n'a jamais été hypocrite. Il en était tout simplement incapable — tout comme un enfant innocent. Sa femme l'a souvent appelé « mon grand enfant ». Et personne ne l'a mieux compris qu'elle et mieux connu, pas même Engels. En réalité, lorsqu'il allait dans le « monde » — entre guillemets — où il fallait faire attention aux apparences et s'imposer de la contrainte, notre « Mohr » était en effet comme un grand enfant, et il lui arrivait d'être embarrassé et de rougir comme un petit enfant.

Les cabotins lui faisaient horreur. Je me rappelle encore le récit qu'il nous fit en riant de sa première rencontre avec Louis Blanc. C'était encore dans la Deanstreet, où son petit logement se composait à vrai dire de deux pièces seulement, la pièce de devant, le « *parlour* » qui servait de salon et de cabinet de travail et celle de derrière utilisée pour tout le reste. Louis Blanc s'était annoncé à

Lenchen qui le conduisit dans la pièce de devant pendant que Marx s'habillait rapidement dans la chambre de derrière ; mais comme la porte de communication était restée *entr'ouverte*, il eut alors sous les yeux, par la fente de la porte, un spectacle cocasse. Le grand historien et homme politique était un tout petit homme, pas plus grand qu'un bambin de 8 ans, mais effroyablement vaniteux. Après avoir jeté un coup d'œil dans le salon prolétarien, ayant découvert dans un coin quelconque un miroir tout à fait primitif, il s'y porta immédiatement, redressant le plus possible sa stature de nain — je n'ai jamais vu des talons aussi hauts qu'à ses chaussures — et il s'y contempla avec satisfaction, faisant « le beau comme un lièvre en rut au mois de mars », étudiant devant la glace l'attitude la plus imposante. Madame Marx qui fut également témoin de cette scène comique pouvait difficilement contenir son rire. Lorsque sa toilette fut terminée, Marx annonça son arrivée en toussant fortement, de sorte que ce fat de tribun du peuple eut le temps de s'éloigner d'un pas du miroir et de recevoir l'arrivant avec une inclination de tête de grand style. Mais on n'arrivait à rien auprès de Marx avec la pose et le cabotinage. Aussi le « petit Louis », — c'est ainsi que les ouvriers parisiens le nommaient par opposition à Louis Bonaparte, — se comporta-t-il bientôt aussi naturellement qu'il en était capable.

VI.

Marx au travail

« Le génie n'est qu'application », a dit je ne sais plus qui, et si ce n'est peut-être entièrement juste, ça l'est du moins certainement pour une grande part.

Il n'y a pas de génie sans une puissance de travail et

une production exceptionnelles. Le prétendu génie auquel ces deux choses sont étrangères n'est qu'une bulle de savon chatoyante ou une traite tirée à terme sur des trésors dans la lune. Mais là où s'unissent la puissance de travail et la production, dépassant la moyenne, il y a également du génie. J'ai rencontré beaucoup de gens qui se considéraient et étaient parfois aussi considérés par d'autres comme des génies, mais qui n'avaient point de puissance de travail, ce n'étaient que les bohêmes de volubilité et de talent publicitaire. Tous les hommes vraiment d'importance que j'ai connus étaient très laborieux et travaillaient âprement. Pour Marx, c'est pleinement vrai. Il travaillait prodigieusement ; et comme il en était souvent empêché pendant la journée — notamment dans sa première période d'exil — il se rattrappait la nuit. Lorsque nous rentrions tard le soir à la maison, venant de quelque séance ou meeting, il avait l'habitude de s'asseoir et de travailler encore quelques heures. Et ces quelques heures s'allongeaient de plus en plus, et il finissait par travailler toute la nuit et dormir le matin. Sa femme lui faisait les observations les plus sérieuses — mais il disait en riant que c'était conforme à sa nature. Moi-même, je m'étais habitué dès le lycée à faire les travaux les plus difficiles le soir ou dans la nuit où je me sentais l'esprit le plus actif, aussi ne regardais-je pas la chose des mêmes yeux que Madame Marx. Mais c'était elle qui avait raison. Et malgré sa constitution exceptionnellement robuste, Marx commença vers 1860 à se plaindre de toutes sortes de troubles dans ses fonctions corporelles. Il fallut consulter un médecin. Le résultat fut *l'interdiction catégorique de tout travail de nuit.* Et *much exercise,* c'est-à-dire beaucoup d'exercices physiques. Il ordonna des promenades à pied et à cheval. En ce temps-là, je fis de nombreuses promenades avec Marx dans les environs de Londres, principalement dans le Nord accidenté. Il fut d'ailleurs bientôt rétabli, car, en effet, il avait un corps très robuste, bâti de façon à lui permettre les grands efforts. Mais à peine se sentait-il mieux qu'il retombait, peu à peu, dans son habitude de travailler la nuit, jusqu'au déclenchement d'une nouvelle crise qui l'obligeait à une vie plus raisonnable — néanmoins cela ne durait toujours que le temps où la nécessité s'en faisait sentir impérieuse. Les crises se firent plus violentes, une maladie du foie se développa et il lui vint des abcès de caractère malin. Et c'est ainsi que, peu à peu, s'altéra sa constitution de fer. Je suis convaincu, et c'est aussi le jugement des médecins qui l'ont traîté en dernier lieu, que si Marx avait pu se résoudre à mener une vie conforme à sa nature, c'est-à-dire aux exigences de son corps, ou plutôt de l'hygiène, il vivrait encore. C'est dans ses dernières années seulement — lorsqu'il était déjà trop tard — qu'il renonça au travail nocturne. Alors il travailla d'autant plus dans la journée. Il travaillait toujours, pourvu seulement que cela lui fût possible. Dans ses promenades aussi, il avait sur lui un carnet, et, à chaque instant, il y inscrivait des notes. Et son travail n'était jamais superficiel. Il y a travail et travail. Il travaillait toujours de façon intensive, approfondie. J'ai reçu de sa fille Eléonora un tableau chronologique d'histoire qu'il avait dressé pour en avoir une idée d'ensemble, afin de rédiger une remarque accessoire quelconque. Il est vrai qu'il n'y avait rien d'accessoire pour Marx, et ce tableau destiné à son usage personnel est établie avec la même application et le même soin que s'il eût été destiné à l'impression.

Marx travaillait avec une persévérance qui me remplissait souvent d'étonnement. Il ne connaissait pas la fatigue. Il lui fallait aller jusqu'à l'épuisement — et même alors il ne trahissait aucune lassitude.

Si la valeur des hommes est calculée d'après le travail fourni par eux — de même que la valeur des choses d'après le travail qui y est incorporé — déjà de ce point de vue Marx est d'une valeur si grande que seul un petit nombre de géants de l'esprit peuvent lui être comparés.

Et qu'est ce que la société bourgeoise lui a donné en compensation de cette énorme somme de travail?

Quarante années durant il a travaillé au *Capital* — et travaillé comment! Comme seul un Marx peut travailler. Et je n'exagère pas lorsque je le dis: le journalier le plus mal payé en Allemagne a touché plus de salaire en 40 années que Marx d'«honoraires», c'est-à-dire en allemand de *solde d'honneur* pour une des deux plus grandes créations de ce siècle. L'autre, c'est l'œuvre de Darwin.

La «science» n'est pas une valeur pour le marché. Et peut-on aussi exiger que la société bourgeoise paie un prix convenable à celui qui dresse son propre arrêt de mort?

VII.

Marx et les enfants

Comme toutes les fortes et saines natures, Marx aimait extraordinairement les enfants. Il n'était pas seulement le père le plus tendre, capable d'être, pendant des heures, enfant avec ses enfants, il se sentait aussi attiré, comme magnétiquement, vers les enfants étrangers, surtout les enfants abandonnés et misérables qu'il rencontrait sur son chemin. Cent fois, lorsqu'il parcourait les quartiers pauvres, il se détachait soudain de nous pour aller caresser les cheveux de quelque enfant en haillons, assis au seuil d'une porte, et lui glisser un penny ou un demi-penny dans ses menottes. A l'égard des mendiants il était devenu méfiant, car à Londres la mendicité a pris un caractère vraiment professionnel; c'est devenu un métier qui rapporte encore de l'or, bien que ceux qui l'exercent n'y reçoivent que du cuivre. Marx ne se laissait donc pas longtemps duper par les mendiants et les mendiantes auxquels, au commencement, il ne refusait jamais une aumône, tant qu'il avait quelque chose à donner. Contre ceux en particulier qui l'avaient rançonné par l'artificiel étalage d'une maladie et d'une détresse simulées, il éprouvait même une vraie fureur, car il considérait l'exploitation de la pitié humaine comme une infamie particulièrement vile et comme une escroquerie commise au détriment de la pauvreté. Mais si un mendiant ou une mendiante s'approchait de lui avec un enfant gémissant, Marx était perdu, sans ressource. Quelque évidente que fût la friponnerie empreinte sur le visage du mendiant ou de la mendiante, il ne résistait pas aux yeux suppliants de l'enfant.

La faiblesse physique et la détresse lui inspiraient toujours une vive pitié, une vive compassion. Qu'un homme battit sa femme — et battre les femmes était alors fort à la mode à Londres — il l'aurait fait, avec délices, rouer de coups jusqu'à la mort. Par sa façon impulsive de se comporter dans de telles occasions, il nous mettait assez souvent dans l'embarras. Un soir, je m'en allais avec lui sur le siège d'un omnibus, à Hampstead Road, lorsque, à une station, nous aperçûmes un attroupement tumultueux devant une taverne d'où sortait une voix de femme qui criait : « A l'assassin ! Au secours ! » Avec la rapidité de l'éclair, Marx sauta de la voiture, et moi derrière lui. Je voulus le retenir, autant essayer d'attraper une balle au vol. En un clin d'œil nous fûmes au centre de la cohue et les vagues humaines se refermèrent derrière nous. «Qu'y a-t-il?» Ce qu'il y avait, nous ne le vîmes que trop tôt. Une femme ivre s'était prise de querelle avec son mari qui voulait l'emmener à la maison, elle résistait et tempêtait comme une possédée. Tout était clair. Il n'y avait aucune raison d'intervenir. Nous le vîmes bien, mais le couple qui se battait le vit aussi! Il fit la paix et se précipita sur nous, tandis que la foule refermait son cercle de plus en plus compact autour de nous et prenait une attitude menaçante à l'égard des «*damned foreigners*» (maudits étrangers). La femme, notamment, bondit, furieuse, sur Marx, cherchant à le prendre par sa magnifique barbe noir. Je m'efforçai d'apaiser l'orage, mais vainement. Et sans l'apparition, fort à propos, de deux vigoureux constables sur le champ de bataille, nous aurions payé cher notre tentative d'intervention philanthropique. Nous fûmes contents de nous en tirer sains et saufs, et de remonter sur un omnibus pour rentrer chez nous. Plus tard, Marx se montra un peu plus prudent dans de pareils essais d'interventions.

Il faut avoir vu Marx avec ses enfants pour se faire une idée exacte de la profondeur d'affection et du caractère enjoué de ce héros de la science. Dans ses instants de loisir, ou pendant ses promenades, il les prenait avec lui, jouait avec eux aux jeux les plus fous, les plus extravagants; bref, un véritable enfant parmi des enfants. A Hampstead Heath nous jouions de temps à autre à la «cavalerie». Marx prenait une de ses fillettes sur ses épaules, je prenais l'autre et nous sautions, nous trottions à qui mieux mieux; de temps à autre nous nous livrions également à un petit combat de cavalerie. Car les petites filles étaient aussi diables que des garçons et pouvaient supporter une bourrade sans pleurer.

Pour Marx, la société des enfants était un besoin réparateur, une détente pleine de fraîcheur. Lorsque ses propres enfants eurent grandi ou furent morts, ses petits-fils les remplacèrent. Jenny, qui se maria avec Longuet, un des proscrits de la Commune, quelques années après 1870, amena dans la maison de Marx plusieurs enfants, de petits diables. Notamment l'aîné Jean ou Johnny, qui va bientôt «faire son service» comme engagé volontaire d'un an en France, était le favori du grand-père. Il pouvait faire de ce dernier tout ce qu'il voulait et il le savait bien.

Un jour que j'étais en visite à Londres, Johnny que ses parents avaient envoyé de Paris — ce qui arrivait plusieurs fois chaque année — eut l'idée spirituelle de transformer «Mohr» en omnibus et se mit à califourchon sur ses épaules devenues le siège, tandis qu'Engels et moi étions promus au rang de chevaux de l'omnibus. Et lorsque nous fûmes bien attelés, ce fut une chasse, je veux dire une course sauvage dans le petit jardin de la maison, derrière le cottage de Marx dans Maitland Park Road. Peut-être était-ce aussi dans la maison d'Engels à Regent Park, car les maisons ordinaires de Londres, surtout les jardins se ressemblent à s'y méprendre. Quelques mètres carrés de gravier et d'herbe; là dessus une couche si épaisse de «neige noire» londonienne, c'est-à-dire de flocons de sui voltigeant ça et là, qu'il est impossible de distinguer où commencent et où finissent l'herbe et le gravier, tel est le «jardin» de Londres.

Puis l'on partait. Hue! Dia! Et c'étaient des exclamations internationales: de l'allemand, du français, de l'anglais: *Go on!* Plus vite! Hurrah! Et «Mohr» était obligé de galoper au point que la sueur lui coulait du front, et si Engels ou moi nous essayions de ralentir un peu, le fouet du conducteur impitoyable s'abattait en sifflant sur nous «*You naughty horse*». (Eh bien, mauvais cheval en avant!) Et cela continuait jusqu'au moment où Marx n'en pouvant plus, parlementait et concluait un armistice avec Johnny.

***

C'était touchant et en même temps parfois comique de voir comment Marx, qui, dans les entretiens sur l'économie et la politique, ne reculait pas devant les expressions et les tournures les plus fortes, voire cyniques, s'exprimait en présence des enfants et des femmes; il avait alors une délicatesse que certaines gouvernantes anglaises auraient pu lui envier. Quand la conversation tombait sur un sujet épineux, il était pris d'une agitation nerveuse, s'agitait sur sa chaise, fort gêné, et pouvait rougir comme une fillette de six ans. Nous autres, jeunes proscrits, nous étions pétulants, aimant à chanter des chansons grivoises. Il arriva un jour, que l'un de nous qui avait une très jolie voix — ce que je ne saurais dire des autres, car les hommes politiques, en particulier les communistes et les socialistes, semblent être brouillés avec la muse de la musique — se mit à entonner dans le salon de Marx la belle chanson, pas très chaste à la vérité, «Jeune, jeune compagnon». Mme Marx n'était pas là, autrement nous ne l'aurions pas osé; on ne voyait ni Madeleine, ni les jeunes filles, de sorte que nous croyions être « entre nous ». Marx qui avait, au commencement, accompagné de la voix, ou plus justement crié avec les autres, s'agita tout à coup; en même temps j'entendis du bruit dans la chambre voisine, ce qui décelait la présence de plusieurs personnes. Marx, qui sans doute avait également entendu le bruit, se balança quelques minutes sur sa chaise, témoignant par son attitude un grand embarras, puis se levant brusquement et le visage empourpré, il murmura: «Silence! silence! les jeunes filles».

Les jeunes filles étaient encore à la vérité si jeunes que la chanson « Jeune, jeune compagnon » ne pouvait mettre en péril leur pudeur. Nous sourîmes un peu. Il balbutia qu'on n'avait pas le droit de chanter de telles chansons devant les enfants. Et le « Jeune, jeune compagnon » et d'autres chansons du même genre ne furent plus jamais chantées par nous dans la maison de Marx.

Pour de telles choses, Mme Marx entendait encore moins que lui la plaisanterie. Elle avait un regard qui nous figeait la parole sur les lèvres, dès qu'elle remarquait un soupçon d'effronterie.

Mme Marx avait peut-être sur nous plus d'autorité que Marx lui-même. « Cette dignité, cette hauteur », qui en réalité n'écartait pas la familiarité, mais toute inconvenance, tout propos malséant, agissait avec une force magique sur nous, tout sauvages et tout farouches que nous étions. Je me souviens de la frayeur qu'elle inspira un jour au « Loup rouge » — ne pas confondre avec le « loup de prison », Lupus [1] Celui-ci, qui avait pris les manières

---

1. Le loup rouge était Ferdinand Wolf (*Wolf*, en allemand, signifie *loup*), collaborateur de la *Nouvelle Gazette rhénane*. Quant au « loup de prison », c'était Wilhelm Wolf à qui Marx a dédié le *Capital*.

parisiennes et était très myope, remarqua un soir dans la rue une gracieuse silhouette féminine qu'il se mit à suivre. Quoiqu'il ne cessât de tourner et de virer autour de la femme voilée, celle-ci ne fit aucune attention à lui; il s'enhardit alors jusqu'à approcher son visage si près de celui de l'inconnue que, malgré sa myopie, il put en distinguer les traits et, « le diable m'emporte, me raconta-t-il tout agité le lendemain, c'était Madame Marx elle-même. — Eh bien! que t'a-t-elle dit? — Rien du tout, voilà le malheur. — Et qu'as-tu fait? T'es-tu excusé? — Le diable m'emporte! je me suis enfui — Mais il faut t'excuser! Voyons la chose n'est pas si grave... »

Mais ce diable de « Loup rouge », renommé pourtant pour son cynisme imperturbable, n'osa pas pendant plus de six mois remettre les pieds dans la maison de Marx, bien que je lui eusse raconté le jour suivant que Mme Marx, comme je tâtais le terrain, était partie d'un grand éclat de rire au souvenir de la mine déconfite et apeurée du « Loup rouge » malheureux dans son rôle de Don Juan.

Mme Marx fut la première personne qui m'apprit à connaître le pouvoir éducatif de la femme. Ma mère était morte si tôt que je n'avais d'elle qu'une idée vague, imprécise et, par la suite, je me trouvai écarté complètement, sauf une courte période de ma plus tendre enfance, de toute société féminine qui aurait pu me rehausser et contribuer à calmer et à polir mon caractère.

Avant de rencontrer Mme Marx, je n'avais pas saisi la vérité des paroles de Gœthe :

« Veux-tu apprendre exactement ce qui convient, adresse-toi à de nobles femmes ! »

Elle fut pour moi tantôt Iphigénie qui humanise et éduque les barbares, tantôt Eléonore qui donne le calme à celui qui s'affaisse ou qui doute. C'était à la fois une mère, une amie, une confidente, une conseillère. Elle fut et elle reste pour moi l'idéal de la femme. Et, je le répète ici, si je n'ai pas sombré à Londres — spirituellement et physiquement — c'est en grande partie à elle que je le dois, à elle qui, alors que je croyais couler à fond dans l'océan mugissant de ma misère d'exilé, m'est apparue comme Leucothée au naufragé Odysseus et m'a redonné le courage de revenir à la surface.

VIII.

Lenchen

Depuis l'existence de la famille de la maison de Marx, Lenchen était devenue, comme le disait une des filles de Marx, l'«âme de la maison» et, au sens le plus complet, le plus élevé du mot, l'auxiliaire à tout faire. Que ne lui donnait-on pas à faire? Que ne faisait-elle pas avec joie? Je veux seulement rappeler ses nombreux voyages vers ce parent si mystérieux, si détesté et pourtant si entouré d'hommages, si généreux, l'«oncle» aux trois globes terrestres. Et toujours gaie, toujours prête à venir en aide, toujours souriante. Mais non! Il lui arrivait aussi de se mettre en colère et elle nourrissait une haine féroce contre les ennemis de « Mohr ».

Lorsque Madame Marx était malade ou indisposée, Lenchen la remplaçait; ne fut-elle pas du reste toujours une seconde mère pour les enfants ? Elle était douée de volonté, d'une volonté forte et ferme. Ce qu'elle considérait comme nécessaire, elle le réalisait.

Comme je l'ai déjà dit, Lenchen exerçait une sorte de dictature — pour préciser la nature des relations, je dirai que c'est Lenchen qui, à la maison, avait la dictature et Madame Marx le pouvoir. Marx se soumettait comme un agneau à cette dictature. On a dit qu'il n'y pas de grand'-homme pour son valet de chambre. Devant Lenchen, Marx ne l'était certainement pas du tout. Elle se serait sacrifiée pour lui, elle aurait donné cent fois sa vie pour lui et Madame Marx, et chacun des enfants, si ç'eût été nécessaire et possible — ne l'a-t-elle pas donnée d'ailleurs! — mais Marx ne pouvait lui imposer. Elle le connaissait avec ses manies et ses faiblesses, et elle en faisait ce qu'elle voulait. Il pouvait être de l'humeur la plus irritée, il pouvait tempêter et faire tant de bruit que tout le monde préférait se tenir loin de lui! Lenchen entrait dans la caverne du lion, et s'il grommelait, elle lui faisait des remontrances si énergiques, que le lion devenait aussi docile qu'un agneau.

IX.

Promenades avec Marx

Oh, nos excursions à Hampstead! Dussé-je vivre mille ans que je ne saurais les oublier. La «lande» de Hampstead, de l'autre côté de la colline de Primrose, est comme celle-ci connue du monde extra-londonien grâce au Pickwick de Dickens; encore aujourd'hui c'est une colline en grande partie non bâtie, parsemée de routes et de bouquets d'arbres, avec des montagnes et des vallées en miniature, où chacun peut errer et s'ébattre à sa guise sans crainte d'être appréhendé par un gardien de la sacro-sainte propriété et obligé de laisser un gage pour délit de *trespassing*, c'est-à-dire d'intrusion dans le domaine d'autrui. Encore aujourd'hui Hampstead Heath est la promenade favorite des Londoniens. Le dimanche, lorsqu'il fait beau, la foule est dense, les hommes y font des tâches noires, et les femmes des tâches multicolores, quant à ces dernières, elles aiment particulièrement à mettre à l'épreuve des ânes et des chevaux de selle, fort débonnaires, ma foi.

Il y a quarante ans, la lande de Hampstead était

encore de beaucoup plus vaste, plus sauvage, plus «nature» qu'à présent. Y passer la journée du dimanche était notre plus grand plaisir. Les enfants en parlaient toute la semaine et nous autres, jeunes et vieux, nous nous en rejouissions d'avance. Le voyage à lui seul était une fête.

Les fillettes marchaient à merveille, infatigables, et vives commes des chattes. De Deanstreet où demeuraient les Marx (à quelques pas de Churchstreet où j'avais jeté l'ancre) il y avait une bonne heure et quart de marche jusqu'à Hampstead, et, en général, on se mettait déjà en route vers onze heures du matin.

A vrai dire, nous partions souvent un peu plus tard, car à Londres on n'a pas l'habitude de se lever de bonne heure; en outre, avant que tout fût prêt, que les enfants eussent tout ce qu'il fallait, que le panier fût bien fait, il fallait toujours un certain temps.

Oh! Ce panier! des « yeux de l'esprit » je le vois posé, ou plutôt suspendu devant moi, aussi vivant, aussi tangible, aussi attirant, aussi appétissant que si je l'avais contemplé hier encore au bras de Lenchen.

C'est que ce panier était tout un magasin d'alimentation, et quand on a bon appétit, et que trop souvent on n'a pas la petite monnaie indispensable (on ne parlait pas alors de grosse monnaie), la question alimentaire joue un rôle de première importance. Elle le savait bien, cette brave Lenchen, et son cœur était plein de compassion pour nous, qui étions fréquemment épuisés par la faim et, par conséquent, des hôtes continuellement affamés. Un énorme morceau de rôti de veau constituait le mets principal, consacré par la tradition, dans les excursions dominicales à Hampstead. Un bas de dimensions inusitées à Londres, que Lenchen avait rapporté de Trèves, servait de sanctuaire à ce précieux trésor, c'était comme le tabernacle. On emportait du thé, du sucre, parfois quelques fruits. On achetait du pain et du fromage à la prairie même où, comme dans les cafés-jardins berlinois, on trouve de la vaisselle, de l'eau bouillante, du lait et où l'on pouvait avoir aussi du pain, du fromage, du beurre et de la bière, ainsi que les traditionnels *shrimps* (araignées de mer), *watercress* (cresson), *periwinkles* (escargots), le tout au fur et à mesure des besoins et des ressources.

On pouvait toujours se procurer de la bière, à l'exception de la courte période pendant laquelle une bande de tartufes aristocrates, entassant dans leurs maisons et leurs clubs tous les spiritueux du monde entier et faisant de chaque jour de l'année une fête perpétuelle, avait essayé, en prohibant la vente de la bière le dimanche, de pousser la « plèbe » dans la voie de la vertu et des bonnes mœurs. Mais le peuple londonien n'entend pas la plaisanterie lorsqu'il s'agit de son ventre. Le premier dimanche qui suivit la déposition du bill, il se rendit par centaines de milliers à Hyde Park et envoya à l'adresse des pieux aristocrates des deux sexes qui s'y promenaient en voiture ou à cheval un ironique et si formidable *Go to church* (allez à l'église!) que les vertueux cavaliers et belles dames en furent tout épouvantés. Le dimanche suivant, ce ne fut plus un quart de million, mais un demi-million de voix qui poussèrent des *Go to church!* plus redoutables. Pour le troisième dimanche, le bill était rapporté.

Nous autres, les bannis, nous avions soutenu de toutes nos forces cette « révolution ecclésiastique », et Marx, qui s'emballait facilement en pareils cas, faillit être envoyé au poste par un policeman; fort heureusement, ses ardentes tirades sur la nécessité de la bière influencèrent favorablement le brave gardien de la loi.

Aussi, comme je viens de le dire, le triomphe de l'hypocrisie fut de courte durée et, à l'exception de ce bref interrègne, nous pouvions nous délecter à la perspective d'une boisson rafraîchissante tout en cheminant sur la route presque entièrement dépourvue d'ombrage qui conduit à Hampstead.

Le parcours s'effectuait le plus souvent dans l'ordre suivant. Je formais l'avant-garde avec les deux fillettes, leur racontant toute sorte d'histoires ou faisant de la gymnastique, ou encore cueillant des fleurs des champs qui n'étaient pas encore si rares qu'à présent. Derrière nous venaient quelques amis. Puis c'était le gros de l'armée: Marx, sa femme et quelques invités du dimanche requérant une attention spéciale. Et derrière ceux-ci, Lenchen avec l'hôte le plus affamé qui l'aidait à porter le panier. Lorsque la compagnie était plus nombreuse, elle se divisait en colonnes variées. Cet ordre de marche et de bataille se modifiait, je n'ai pas besoin de le dire, suivant l'humeur ou la nécessité.

Arrivés sur le Heath, nous cherchions avant tout un coin où dresser notre tente, en tenant compte de la possibilité de nous procurer du thé et de la bière.

— *Autar epci posios kai edetios ex eron hento.*

Mais, après s'être délectés avec les provisions et la boisson, tout le monde cherchait le lieu le plus commode pour s'asseoir ou s'allonger, et une fois celui-ci trouvé, chacun et chacune (à moins que l'on ne préférât faire la sieste) tirait de sa poche le journal du dimanche acheté en route et l'on se mettait à lire et à discuter politique; quant aux enfants, ils trouvaient bien vite des camarades et ils jouaient à cache-cache, derrière les touffes de genêts.

Mais à la béatitude elle-même, il faut de la diversité; alors c'était le tour de la course, de la lutte, du lancement de pierres et d'autres sports. Un dimanche, nous découvrîmes un marronnier tout proche et couvert de fruits mûrs. «Voyons un peu celui qui abattra le plus de marrons», s'écria l'un de nous; tous se mirent au travail en poussant des hourras; « Mohr » était comme enragé, mais bien que l'abatage des marrons ne fût certes pas son fort, il s'y montra aussi infatigable que les autres. Le bombardement ne cessa que lorsque le dernier marron eut été abattu avec des cris sauvages de triomphe. Pendant huit jours, Marx ne put remuer le bras droit; pour mon compte, je n'étais pas en meilleure posture.

La promenade à âne était le grand « *treat* » (le plaisir suprême): c'était une joie et des rires fous! Que de scènes rejouissantes! Comme Marx nous amusait en s'amusant lui-même! Il nous divertissait doublement et par son talent équestre plus que rudimentaire et par son entêtement à vouloir nous prouver sa virtuosité dans cet art. Celle-ci provenait des quelques leçons d'équitation qu'il avait prises étant étudiant (Engels affirmait qu'ils ne dépassèrent pas le nombre de trois) et du fait que, au cours de ses visites à Manchester, il sortait chaque année de jubilé avec Engels, enfourchant une vénérable Rossinante, probablement l'arrière-petite-fille de la paisible jument, cadeau du vieux Fritz au bon Gellert.

Le retour de Hampstead Heath était toujours fort joyeux, bien que le plaisir qu'on laisse derrière soi éveille d'ordinaire moins de joie que celui qui vous attend. Contre la mélancolie — qui n'avait que trop souvent sa raison d'être — notre humeur enjouée était notre antidote.

La misère des bannis n'existait pas parmi nous; si l'un de nous se mettait à lamenter, on lui rappelait aussitôt de la façon la plus énergique ses obligations sociales.

L'ordre de marche du retour était différent de celui de l'aller. Les enfants que leurs ébats avait fatigués, formaient l'arrière-garde avec Lenchen qui, délestée de son lourd fardeau, pouvait s'occuper d'eux et marchait d'un pas léger avec le panier vide.

On chantait d'habitude le long du chemin; la plupart du temps c'étaient des chansons populaires, de préférence sentimentales (rarement des chansons politiques); c'étaient aussi — et je ne vous en conte point — des chansons patriotiques »; ainsi « *O Strasbourg, Strasbourg, ville merveilleuse !* » jouissait d'une faveur exceptionnelle.

Parfois les enfants chantaient des chansons nègres en dansant, si toutefois leurs jambes s'étaient un peu reposées. Il n'était pas plus permis de parler politique le long du parcours que de nos misères de l'exil. Par contre, on parlait beaucoup art et littérature; Marx avait ainsi l'occasion de montrer sa prodigieuse mémoire. Il déclamait de longues tirades de la *Divine Comédie* qu'il savait presque entièrement par cœur, ainsi que des scènes de Shakespeare, relayé souvent par sa femme qui connaissait également très bien Shakespeare; lorsqu'il se trouvait dans un état d'exaltation particulière, il imitait Seidelmann dans le rôle de Méphistophélès. Marx admirait cet artiste qu'il avait vu et entendu à Berlin lorsqu'il était étudiant, *Faust* était l'œuvre poétique qu'il goûtait le plus dans la littérature allemande. Je ne dirai pas que Marx déclamât bien — il forçait un peu trop, — cependant il accentuait toujours à propos et faisait ressortir le sens de la phrase; en un mot, il impressionnait fortement; l'effet comique produit par les paroles du début, lancées avec trop de force, s'effaçait dès que l'on sentait que Marx avait profondément compris le rôle et le possédait à la perfection.

Jenny, l'aînée des deux fillettes (Tussy, alias Eléonore, qui fut plus tard Madame Marx-Aveling, n'était pas encore née à cette époque), qui était le portrait vivant de son père, mêmes yeux noirs, même front, avait parfois des extases prophétiques; comme la phytie, elle entrait en transes et des lueurs ardentes passaient dans ses yeux et elle se mettait à déclamer d'une manière souvent extraordinaire et fantastique. Un jour, en revenant de Hampstead, elle se trouva en proie à l'une de ces transes et fit une improvisation en vers sur la vie dans les étoiles. Madame Marx, qui avait déjà perdu plusieurs enfants, en fut bouleversée; la précocité de son enfant lui apparaissait comme un indice de maladie. « Mohr » la rassura; quant à moi, je lui montrai la pythie qui, sortie de son extase prophétique, sautait alentour avec un rire joyeux et respirait la santé. Cependant Jenny mourut jeune, mais sa mère fut préservée de la douleur de lui survivre.

Le caractère de nos excursions dominicales se modifia à mesure que les fillettes grandissaient ; cependant, le défaut de jeunes éléments ne se fit jamais sentir, les soucis de l'apparition de nouveaux rejetons étaient sans cesse renouvelés.

Marx perdit plusieurs enfants, dont ses deux fils ; l'un. né à Londres, mourut peu après, l'autre, né à Paris, mourut après une longue maladie chronique ; la mort de ce dernier fut un coup terrible pour Marx. Je me rappelle encore les tristes semaines d'une maladie sans espoir de guérison. L'enfant, surnommé « Mouche » (son véritable nom était Edgar, en souvenir de son oncle), était très doué, mais malheureusement d'un tempérament maladif ; le pauvre petit avait des yeux splendides et une tête qui promettait beaucoup, mais qui semblait trop lourde pour son corps chétif. Si la pauvre « Mouche » avait pu être l'objet de soins constants au bord de la mer ou à la campagne, peut-être aurait-il vécu ; mais la vie errante, les déplacements perpétuels, l'existence misérable menée à Londres n'étaient pas faits pour protéger la plante fragile dans sa lutte pour la vie ; le tendre amour de ses parents et les soins maternels furent également impuissants. La « Mouche » mourut... Je n'oublierai jamais cette scène : la mère, abîmée dans une douleur muette, penchée sur le cadavre de son enfant, Lenchen, debout tout auprès, secouée par les sanglots, Marx, en proie à une surexcitation terrible, refusant durement, presque avec hostilité, toute consolation, les deux fillettes, pleurant doucement et se serrant contre leur mère. La mère, plongée dans la douleur, nouait convulsivement ses bras autour de ses petites filles comme si elle avait voulu les fondre en elle, les protéger contre la mort qui lui avait ravi ses fils.

Lorsque — à partir de 1860 environ — nous habitâmes dans le Nord de Londres à Kentish Town et à Haverstockhill, nos promenades favorites furent pour les prairies et les collines qui s'étendent entre et derrière Hampstead et Highgate. On y cherchait des fleurs, on y expliquait les plantes, double régal pour les enfants citadins à qui l'océan de pierres, froid, bruyant, mouvant de la grande ville donnait une véritable fringale de nature verdoyante. Quelle joie pour nous lorsque dans nos excursions, nous découvrions un petit étang ombragé d'arbres et lorsque je pouvais montrer aux enfants les premiers myosotis « sauvages » sortis de terre. Notre joie était encore plus grande lorsque dans une prairie luxuriante d'un vert foncé moelleux où nous avions pénétré en dépit de la menace « Défense d'entrer. Propriété privée », après avoir reconnu soigneusement le terrain, nous trouvions entre autres fleurs de printemps des *hyacinthes* dans quelque coin protégé contre le vent.

X.

La maladie et la mort

(Lettre de Tussy [1])

« En ce qui concerne le séjour de Mohr à Mustapha (Algérie) je n'ai pas grand'chose à dire, sinon que le temps y fut affreux, que Mohr y trouva un médecin très habile et très accueillant et que tout le monde à l'hôtel était *attentionné* et aimable à son égard.

» Pendant le printemps et l'hiver de 1881-1882, Mohr fut d'abord avec Jenny à Argenteuil, près de Paris. C'est là que nous nous rencontrâmes et que nous restâmes quelques semaines. Puis, il partit pour le midi de la France et pour Alger, mais il en revint très mal en point. Il passa l'automne et l'hiver de 1882-1883 à Ventnor (dans l'île de Wight), d'où il revint en janvier 1883 après la mort de Jenny .. le 8 janvier.

» Maintenant sur *Carlsbad*. Nous y sommes allés pour la première fois en 1874. On y avait envoyé Mohr à cause

1. Eléonore, la plus jeune des filles de Marx.

d'une maladie de foie et de ses insomnies. L'anné suivante, c'est-à-dire en 1875, son premier séjour lui ayant fait énormément de bien, il y alla seul. L'année suivante, c'est-à-dire en 1876, je l'accompagnai à nouveau, car il disait que je lui avais beaucoup manqué l'année précédente. A Carlsbad, il faisait sa cure avec la plus grande conscience, exécutant ponctuellement tout ce qui lui était ordonné. Nous nous y fîmes beaucoup d'amis. Mohr était un compagnon de voyage délicieux. Constamment de bonne humeur, il était toujours prêt à se réjouir de toute chose, aussi bien d'un beau paysage que d'un verre de bière. Et avec ses vastes connaissances historiques, partout où nous allions, il faisait revivre le passé avec plus d'intensité même que le présent.

» Je crois qu'on a écrit de divers côtés sur le séjour de Mohr à Carlsbad. J'ai entendu parler, entre autres, d'un long article, mais je ne sais plus dans quel journal ; peut-être M.O. de D. pourra-t-il vous donner quelques précisions à ce sujet. C'est lui qui m'a parlé d'un très bon article.

» En 1874, nous vous avons vu à Leipzig. A notre retour, nous fîmes un crochet vers Bingen, que Mohr voulait me montrer parce qu'il y était allé en voyage de noce avec ma mère. Pendant ces deux voyages, nous allâmes encore à Dresde, Berlin, Prague, Hambourg, Nuremberg.

» En 1877, Mohr devait aller à nouveau à Carlsbad, mais on lui fit savoir que les gouvernements allemand et autrichien avaient l'intention de l'expulser, et comme le voyage était trop long et trop dispendieux pour se payer une expulsion, il ne retourna plus à Carlsbad, à son très grand dommage, car après chaque cure, c'était chaque fois comme une résurrection.

» Nous étions allés à Berlin avant tout pour voir le fidèle ami de mon père, mon cher oncle Edgar de Westphalen. Nous n'y restâmes que quelques jours. Nous apprîmes plus tard, à la grande joie de Mohr, que la police était venue à notre hôtel, le troisième jour juste une heure après que nous l'avions quitté.

» En automne 1880, alors que notre bonne « *Mämchen* » [petite mère] était déjà si malade, qu'elle ne pouvait se lever que rarement de son lit de douleurs, Mohr avait une pneumonie grave. La chose était devenue dangereuse parce qu'il avait toujours négligé son mal. Le médecin (notre excellent ami Donkin) considérait le cas comme presque désespéré. Ce fut une période effroyable. Dans la grande pièce de devant était étendue notre petite mère, dans la petite pièce gisait Mohr. Et tous les deux, si habitués l'un a l'autre, dont la vie était si entièrement confondue, ne pouvaient plus être ensemble dans une même chambre.

» C'est notre bonne vieille Lenchen (tu sais ce qu'elle était pour nous) et moi qui dûmes les soigner tous les deux. Le médecin a dit que ce sont nos soins qui ont sauvé Mohr. Quoiqu'il en soit, je ne sais qu'une chose, c'est que ni Hélène [Lenchen], ni mois n'avons couché dans un lit pendant 3 semaines. Nous fûmes sur pied jour et nuit, et parfois lorsque nous étions épuisées, nous nous reposions une heure à tour de rôle.

» Mohr triompha encore une fois de la maladie. Jamais je n'oublierai la matinée où il se sentit assez fort pour entrer dans la chambre de petite mère. Ils étaient redevenus jeunes : elle une jeune fille aimante et lui un jouvenceau amoureux faisant tous deux leur entrée dans la vie, et non plus un vieil homme décharné par la maladie et elle une vieille femme moribonde prenant congé de la vie et l'un de l'autre.

» Mohr alla mieux, et s'il n'était pas encore vigoureux, il semblait du moins le devenir.

» Puis petite mère mourut le 2 décembre (1881). Ses dernières paroles — chose curieuse, en anglais — furent adressées à son « Karl ».

» Lorsque notre cher général [Engels] arriva, il dit, ce qui alors me mit presque en colère :

« *C'est aussi la fin de Mohr* ».

» Et c'était la vérité.

» Avec la vie de petite mère s'en alla également la vie de Mohr. Il lutta énergiquement pour se remettre d'aplomb, car jusqu'à la fin il fut un lutteur, mais il était brisé. Son état général se fit de plus en plus mauvais. S'il avait été égoïste, il aurait laissé simplement aller les choses comme elles devaient aller. Mais pour lui, il y avait quelque chose au-dessus de tout, c'était *son dévouement à la cause. Il essaya de terminer son œuvre grandiose* et c'est pour cela qu'il se décida encore une fois à faire un voyage d'agrément.

» Au printemps de 1882, il partit pour Paris et Argenteuil [1] où je me rencontrai avec lui ; et nous passâmes avec Jenny et ses enfants quelques jours bien heureux. Puis, Mohr partit pour le Midi, et, finalement, pour Alger.

» Pendant tout son séjour à Alger, à Nice, et à Cannes, le mauvais temps le poursuivit. D'Alger, il m'écrivit de longues lettres. J'en ai perdu beaucoup, car, sur sa demande, je les ai envoyées également à Jenny et elle ne m'en retourna que quelques-unes.

» Lorsque Mohr revint enfin, il était très souffrant et nous commençâmes à craindre le pire. Sur le conseil du médecin, il passa l'automne et l'hiver à Ventnor dans l'île de Wight. Je dois ici ajouter qu'à ce moment, selon le désir de Mohr, j'ai passé trois mois en Italie avec le fils aîné de Jenny, Jean (Johnny). Au printemps de 1883 j'allai chez Mohr avec Johnny qu'il affectionnait particulièrement parmi ses petits-fils. Puis il me fallut revenir reprendre mon enseignement.

» Puis, ce fut le dernier coup, terrible : la nouvelle de la mort de Jenny. Jenny, l'aînée, la fille la plus chère à Mohr, mourut subitement (le 8 janvier). Nous avions des lettres de Mohr — je les ai maintenant devant moi — dans lesquelles il écrivait que la santé de Jenny s'améliorait et

1. Il s'agit du voyage dont on parle au début de cette lettre.

que nous (Hélène et moi) n'avions pas besoin de nous inquiéter. Le télégramme nous annonçant la mort nous parvint une heure après la lettre où Mohr nous écrivait cela. Je partis immédiatement pour Ventnor. Dans ma vie j'ai eu bien des heures tristes, mais pas une ne fut aussi triste que celle-là. Je sentais que j'apportais à mon père sa sentence de mort. Au cours de la longue et triste route, je me torturais le cerveau pour savoir comment lui communiquer la nouvelle. Je n'eus pas besoin de la lui dire, mon visage me trahit. Mohr dit aussitôt : « Notre petite Jenny est morte ! » et puis il me demanda aussitôt de partir pour Paris et de prendre soin des enfants. Je voulais rester près de lui ; il ne souffrit aucune contradiction. A peine étais-je restée une demi-heure à Ventnor que je me remettais en route triste et sombre vers Londres pour partir de là à Paris. Je fis ce que désirait Mohr à cause des enfants.

» Je ne parlerai pas de mon voyage de retour ; c'est seulement avec des frissons que je puis me remémorer ce temps-là, cette angoisse, cette torture, mais silence là-dessus. C'est assez. Je revins — et Mohr rentra à la maison, pour mourir.

» Et maintenant encore un mot de petite mère. Elle agonisa des mois durant et il lui fallut supporter toutes les souffrances effroyables provoquées par le cancer. Et cependant, pas un instant elle n'abandonna sa bonne humeur, son esprit inépuisable que tu connais, n'est-ce pas ? C'est avec l'impatience d'un enfant qu'elle demanda les résultats des élections d'alors en Allemagne (1881) et sa joie de la victoire fut grande. Jusqu'à sa mort, elle garda sa gaieté, cherchant à distraire par des plaisanteries notre crainte à son égard. Oui, elle qui souffrait si terriblement, elle plaisantait, elle *riait*, elle se moquait de nous, de nous tous et du médecin parce que nous étions aussi sérieux. Presque jusqu'à son dernier moment, elle garda sa pleine conscience et lorsqu'elle ne put plus parler — ses derniers mots furent pour « Karl » — elle nous serra la main, essayant de sourire.

» Pour ce qui est de Mohr, tu sais qu'il alla de sa chambre à coucher à son cabinet de travail à Maitland Park, qu'il s'assit dans son fauteuil et qu'il s'endormit paisiblement.

» Ce fauteuil c'est le « général » qui l'eut jusqu'à sa mort, et je l'ai maintenant.

» Si tu écris sur Mohr n'oublie pas Lenchen, n'est-ce pas?

» Je sais que tu n'oublieras pas petite mère, mais Hélène était en quelque sorte l'axe autour duquel tout tournait dans la maison. La meilleure, la plus fidèle amie. N'oublie donc pas, Hélène, si tu écris sur Mohr !

» Et maintenant, ainsi que tu le désires, encore quelque chose de plus précis sur le séjour de Mohr dans le Midi. Nous fûmes, lui et moi, quelques semaines au commencement de 1882 chez Jenny à Argenteuil. En mars et avril, Mohr fut à Alger, en mai à Monte-Carlo, Nice, Cannes. Vers la fin de juin et tout juillet, il fut de nouveau chez Jenny, et Lenchen était alors aussi à Argenteuil. D'Argenteuil, Mohr alla avec Laura en Suisse, à Vevey, etc. Vers la fin de septembre ou au commencement d'octobre il retourna en Angleterre et se rendit aussitôt après à Ventnor où Johnny et mois nous lui rendîmes visite.

» Et maintenant quelques notes sur tes questions. Notre petit Edgar (Musch) naquit en 1847 — mais je n'en suis pas tout à fait sûre — et mourut à la fin de 1855. C'est le 5 novembre 1849 que naquit le « petit Fawkes » [1], Henri et il mourut alors qu'il avait environ 2 ans. Ma petite sœur Francisca, née en 1851, mourut étant encore un bébé, à 11 mois environ.

» Et maintenant en ce qui concerne ta question sur notre

1. Ce nom de Fawkes (prononcer Fohx) lui vint du héros de la conjuration des poudres, Guido (Guy) Fawkes dont l'anniversaire est célébré, ou plus exactement maudit, de façon bruyante chaque année le 5 novembre en Angleterre. (Remarque de Liebknecht.)

bonne Hélène, ou « Nymy » comme nous l'appelions à la fin, parce que Johnny Longuet l'appelait ainsi, je ne sais pas pourquoi, alors qu'il était encore un bébé, Lenchen vint chez ma grand'mère de Westphalen étant une petite enfant de 8 à 9 ans et elle grandit avec Mohr, petite mère et Edgar de Westphalen. Hélène fut toujours tendrement attachée aux vieux Westphalen. Et Mohr également. Il ne se lassait jamais de nous parler du vieux baron de Westphalen, de sa connaissance merveilleuse de Shakespeare et d'Homère. Il pouvait réciter mot à mot des rhapsodies tout entières de Homère du commencement à la fin, et il savait par cœur, en anglais aussi bien qu'en allemand, la plupart des drames de Shakespeare. Le père de Mohr, par contre — Mohr avait une grande admiration pour son père — était un vrai «Français » du dix-huitième siècle. Il savait son Voltaire et son Rousseau par cœur, comme le vieux Westphalen son Homère et son Shakespeare. Et Mohr devait incontestablement la diversité étonnante de son savoir en grande partie à ces influences « héréditaires ».

» Maintenant, revenons à Hélène. Je ne puis pas dire si elle vint chez mes parents avant que ceux-ci ne soient allés à Paris ou après (ce qu'ils firent peu de temps après leur mariage). Je sais seulement que ma grand'mère envoya la jeune fille à notre mère « comme ce qu'elle pouvait lui envoyer de meilleur — la fidèle et chère Lenchen». Et la fidèle et chère Lenchen resta chez mes parents, et sa plus jeune sœur Marianne vint aussi plus tard. Tu ne saurais guère te souvenir de celle-ci, car ce fut après ton départ. »

XI.

Misère et privations

On a dit infiniment de mensonges sur Marx — et entre autres qu'il faisait bombance, alors que la foule des proscrits autour de lui, affamés, mourait de faim. Je ne me crois pas autorisé ici à entrer dans plus de détails, mais voilà ce que je puis dire, ce que ces journaux faisaient revivre sous mes yeux avec tant d'intensité, ce n'était pas un cas isolé de détresse comme il peut en arriver à chacun, surtout à l'étranger lorsqu'on est sans appui ; non, pour Marx et sa famille, la misère de l'exil dans sa forme la plus aiguë a durée des années. Il se sera trouvé peu de proscrits ayant plus souffert que Marx et sa famille. Et même plus tard, lorsque les ressources furent plus grandes et plus régulières, les soucis matériels n'ont pas épargné la famille Marx. Des années durant, alors que le pire était déjà passé, la livre sterling (25 frs.) qui était payée hebdomadairement à Marx pour ses articles dans la *New-York Tribune*, constituait la seule source de revenu assurée.

XII.

Le tombeau de Marx

Il faudrait dire plus exactement *la tombe familiale* de Marx. Elle se trouve au cimetière de Highgate, au nord de Londres, sur une colline d'où l'on domine la ville géante.

Marx ne voulait pas de « monument ». Vouloir élever à l'auteur du *Manifeste communiste* et du *Capital* un autre monument que celui qu'il s'était élevé lui-même, ce serait une offense au grand mort. Dans le cerveau et dans le cœur de millions d'ouvriers qui se sont « unis » à son appel, il n'a pas seulement un monument plus durable que l'airain, mais aussi le terrain vivant dans lequel ce qu'il a enseigné et ce qu'il a voulu passe — et a déjà partiellement passé dans les actes.

Nous autres, social-démocrates, nous n'avons pas de saints, ni de tombeaux sacrés ; mais des millions d'hommes se souviennent avec reconnaissance et vénération de l'homme qui repose dans ce cimetière du nord de Londres. Et dans des milliers d'années encore, dans des temps où la sauvagerie et l'étroitesse d'esprit qui s'opposent aujourd'hui aux aspirations de la classe laborieuse vers son affranchissement, ne seront plus qu'une légende du passé difficilement concevable, des hommes libres et fiers se tiendront près de ce tombeau et, la tête découverte, murmureront aux enfants qui les écouteront:

« Ci-git Karl Marx ».

Ici gît Karl Marx, ainsi que sa famille. Une simple plaque de marbre entourée de lierre, pareille à un coussin, couvre vers le haut le tombeau encadré de marbre, et sur la plaque on peut lire:

JENNY VON WESTPHALEN
The beloved wife of
Karl Marx
Born 12 february 1814
Died 2 december 1881
AND KARL MARX
Born may 5, 1818, died march 14, 1883
AND HARRY LONGUET
Their grandson
Born july 4, 1878, died march 20, 1883
AND HELENE DEMUTH
Born january 1, 1823, died november 1890.

***

JENNY VON WESTPHALEN
L'épouse chérie de
Karl Marx
Née le 12 février 1814,
décédée le 2 décembre 1881
ET KARL MARX
Né le 5 mai 1818, décédé le 14 mars 1883
ET HENRI LONGUET
Leur petit-fils,
Né le 4 juillet 1878, décédé le 20 mars 1883
ET HELENE DEMUTH
Née le 1er janvier 1823, décédée le 4 novembre 1890.

Le tombeau familial ne contient *pas* tous les membres de la famille qui sont morts. Les trois enfants morts à Londres sont enterrés dans d'autres cimetières de Londres — l'un d'eux Edgar («Musch») certainement, les deux autres probablement dans le cimetière de Whitfield Chapel à Tottenham Court Road. Et *Jenny* Marx, sa fille préférée, repose à Argenteuil, près de Paris où la mort l'a enlevée à sa si heureuse famille. Mais si tous les enfants et les petits-enfants décédés n'ont pas trouvé place dans le tombeau de famille, une personne s'y trouve néanmoins qui appartenait à la famille, sans que ce fut par les liens du sang, la « fidèle Lenchen » : Hélène Demuth.

C'est Madame Marx d'abord et, après elle, Marx qui ont décidé qu'elle reposerait dans le tombeau familial. Et c'est avec les enfants survivants que Engels, le fidèle Eckhart, égal en fidélité à Lenchen, a rempli ce devoir qu'il aurait accompli lui-même de sa propre initiative.

On peut se rendre compte de ce que pensaient de Lenchen les enfants de Marx, quelle tendresse ils lui vouaient, avec quelle piété ils honorent sa mémoire, par la lettre de la fille cadette de Marx reproduite plus haut

Et après ma dernière visite à Londres, comme à mon retour pour Paris, je m'arrêtais à Draveil où Lafargue s'était créé avec sa femme Laura Marx un home délicieux à la campagne, et que, remuant avec « Lörchen » tous nos vieux souvenirs de Londres, je fis connaître mon intention d'écrire cet opuscule de souvenirs, elle aussi, tout comme Tussy l'avait fait dans sa lettre reproduite ci-dessus et plus tard aussi oralement, elle me dit : « Surtout n'oublie pas Lenchen ».

Eh bien, — je n'ai pas oublié Lenchen et je ne l'oublierai pas. Ne fut-elle pas pour moi 40 années durant une amie et ne fut-elle pas parfois aussi *ma* «providence» au temps de mon exil à Londres. Que de fois, elle m'a aidé d'une pièce de six pence quand ma bourse était à sec et que dans la maison de Marx on ne sentait pas trop la marée basse — car lorsque *chez eux,* c'était les basses eaux, il n'y avait

1. Voir plus haut, chapitre X.

rien à trouver chez Lenchen. Et plus d'une fois, lorsque *mon* art de couturier était insuffisant, elle m'a rafistolé habilement pour quelques semaines telle ou telle partie indispensable de mon costume et que je ne pouvais renouveler d'ici un temps indéterminé — pour des raisons financières.

Lorsque je vis Lenchen pour la première fois, elle avait 25 ans et, sans être belle, elle était jolie, bien faite et avait des traits agréables et attirants. Elle ne manqua pas d'adorateurs et à plusieurs reprises elle aurait pu trouver un bon parti. Mais sans en avoir fait le serment il était tout naturel pour ce cœur fidèle qu'elle devait rester près de « Mohr » et de «Madame Marx » et des enfants.

Elle resta — et les années de jeunesse passèrent. Elle y resta parmi la misère et les privations, dans le bonheur comme dans le malheur ; le repos ne vint que lorsque la mort eut fauché les deux êtres au sort desquels elle avait lié le sien. C'est chez Engels qu'elle trouva le repos et c'est chez lui qu'elle est morte, s'oubliant elle même jusqu'à la fin. Et maintenant, elle repose dans leur tombeau de famille.

De ce tombeau l'ami Motteler le « maître de poste rouge » qui habite maintenant à Hampstead, non loin de Highgate, a fait la description suivante :

Le tombeau de *Marx* est encadré de marbre blanc. La petite plaque portant les noms et les dates en lettres noires est de la même pierre. Le gazon, le lierre que j'ai rapporté jadis de Suisse et quelques petits rosiers en sont la parure modeste, le plus souvent recouverte d'herbe sauvage, qui pousse à travers le tapis de mousse, — comme on le voit d'ordinaire sur les tombeaux munis d'une bordure. Ma route me conduit le plus souvent deux fois par semaine à travers Highgate Country jusqu'auprès de Marx; alors on coupe le gazon lorsqu'il est trop luxuriant. Plus d'une chose aussi se fane dans les étés brûlants, comme dans ces deux derniers (cette année, où sur le continent il a tant plu, il y eut en Angleterre une sécheresse comme personne ne se rappelle en avoir vu de semblable, et même dans les parcs le gazon se fana complètement). Aussi il nous fallut, naturellement d'accord avec les Aveling qui à cause de l'énorme distance ne pouvaient y venir que rarement, confier la tombe aux soins réguliers du jardinier du cimetière.

TABLE DES MATIÈRES

Achevé d'imprimer par Corlet Numérique - 14110 Condé-sur-Noireau
N° d'Imprimeur : 46881 - Dépôt légal : janvier 2008 - *Imprimé en France*